EL ENTRENAMIENTO DE LOS CONCEPTOS TÁCTICOS EN FÚTBOL

EL ENTRENAMIENTO DE LOS CONCEPTOS TÁCTICOS EN FÚTBOL

Departamento Técnico Fútbol Táctico

monsa

EL ENTRENAMIENTO DE LOS CONCEPTOS TÁCTICOS EN FÚTBOL

Editor, concepto y dirección del proyecto
Josep María Minguet

Co-Autor
Departamento Técnico Fútbol Táctico

Coordinación técnica
Manuel Conde

Fotos cubierta: Editorial Supérate
Foto página 15: New Balance

Diseño y maquetación
Equipo editorial Monsa

INSTITUTO MONSA DE EDICIONES
Gravina 43 (08930)
Sant Adrià de Besòs
Barcelona
Tel (34) 93 381 00 50
monsa@monsa.com
www.monsa.com

Visita nuestra tienda oficial!
www.monsashop.com

ISBN 978-84-16500-64-2
D.L. B 23672-2017

Impreso por
Limpergraf

INTRODUCCIÓN

En FÚTBOL TÁCTICO cada día compartimos las inquietudes, dudas, necesidades y experiencias profesionales de entrenadores que comparten con nosotros la pasión por este deporte. Desde nuestra posición, tratamos de proporcionarles las herramientas necesarias para mejorar en su trabajo, ya que consideramos que tanto para entrenadores profesionales, como para amateurs, el reciclaje y la formación son imprescindibles. Nuestro objetivo ha sido siempre poner al alcance de todos, las herramientas necesarias para mejorar y seguir avanzando en su carrera deportiva.

Con esta idea nace este libro, decidimos recopilar una serie de ejercicios que pueden servir de ayuda a muchos entrenadores, pueden servir de guía e incluso ayudar a que ellos mismos elaboren y desarrollen sus propias tareas de entrenamiento a partir de estos ejercicios.

"Todas las actividades creadoras son el despliegue de una libertad que se somete a los deberes de su proyecto. Comprender y explicar esta estructura de la acción-que la elección de un fin implica inevitablemente la aceptación de los medios para llegar a ese fin- es una exigencia educativa ineludible para librarnos de la irresponsabilidad. Si no hay una clara decisión de realizar los medios, no hay decisión en absoluto sino tan sólo un vago deseo, un simulacro de propósito, un espejismo de decisión". (Marina, José Antonio 2006).

La idea de esta recopilación surge con la intención de estructurar esos ejercicios dentro de una estructura de entrenamiento que, se adapte a las necesidades y/o capacidades de cada entrenador, dependiendo siempre de los jugadores de los que dispone. Para que de esta manera origine una coherente organización en "su" modelo de juego.

"Veo tareas de entrenamientos catalogadas como "juego de posición". Cuando son tareas de "juego de posesión". No es lo mismo que una tarea tenga una estructura, que se busquen relaciones predominantes y la aparición de conceptos significativos, a conservar el balón o lo que es lo mismo pasarse el balón por pasar." (Marcos Costoso, José Miguel 2016)

No existe una única metodología de entrenamiento, existe un contexto, relaciones, sinergias, así como unas necesidades y/o capacidades de nuestros jugadores. Imitar los entrenamientos de entrenadores "élite" no es sinónimo del ansiado éxito, lo verdaderamente importante es adaptarse a nuestras necesidades.

"No basta con globalizar, hay que estructurar, el contenido de la situación del entrenamiento debe proporcionar la funcionalidad específica del juego del fútbol" (Cano Moreno, Óscar).

"La táctica es el juego, la táctica es la forma en la que se juega, donde se juega, el por qué se juega, cuando se juega, cómo se juega y donde se juega." (Lillo, Juan Manuel).

Estas conclusiones cuanto menos nos llevan a pensar que para entrenar de forma coherente necesitamos que en nuestras situaciones de entrenamiento aparezcan todos los elementos de la Lógica Estructural del Juego: reglas, balón, espacio, compañeros y adversarios. Por todo ello las tareas de entrenamiento deben fomentar la toma de decisiones y ser abiertas. No tenemos que enseñar "reproducir" ejercicios sino provocar que aprendan a jugar al fútbol. Bajo nuestro punto de vista es un error utilizar una batería de ejercicios, o tomar los que hemos visto de otros sin adaptarlos a nuestros jugadores. Las tareas deben ir aumentando de complejidad a medida que los jugadores vayan asimilando y dominando los principios del juego, para aumentar así su nivel de toma de decisión.

"En los juegos deportivos colectivos la dimensión táctica ocupa el núcleo de la estructura de rendimiento, por lo que la función principal de los demás factores, sean ellos de naturaleza técnica, física o psíquica, es la de cooperar en el sentido de facultar el acceso a desempeños tácticos de nivel cada vez más elevado". (Garganta, Julio).

"Lo más importante en un equipo es tener un modelo de juego un conjunto de principios que den organización al equipo, por eso mi atención está dirigida a este modelo desde el primer día, las preocupaciones técnicas, físicas y psicológicas (como concentración, por ejemplo) surgen por arrastramiento y como consecuencia de la especificidad de nuestro modelo de juego y la forma de estructurarlo en las sesiones de entrenamiento". (Mourinho, José).

Nuestra intención no es buscar una "receta" basada en una batería de ejercicios, es un libro para reflexionar. Dirigido tanto a jóvenes entrenadores que comienzan a adentrarse en este maravilloso deporte, como a profesionales. Es un trabajo a la dedicación de una carrera profesional, de experiencias y continuas dudas.

Por último, esperamos y deseamos que este libro sea leído, sin buscar tareas de entrenamiento a modo de "recetario". Sino que sirva de guía, que inspire a la reflexión, a profundizar sobre vuestro propio equipo, a sacar vuestras propias conclusiones y sobre todo a seguir dudando y creando.

DEPARTAMENTO TÉCNICO FÚTBOL TÁCTICO

ÍNDICE

3. **LA RECUPERACIÓN DEL BALÓN MEDIANTE INTERCEPTACIONES Y ENTRADAS: Ejercicios para la mejora de su eficacia.**

Introducción: concepto y clasificación.

Ejercicio 1: Ejercicio para la mejora de la recuperación del balón (los atacantes juegan en inferioridad numérica de 4 contra 1).
Ejercicio 2: Ejercicio para la mejora de la recuperación del balón (los atacantes juegan en inferioridad numérica de 4 contra 2).
Ejercicio 3: Ejercicio para la mejora de la recuperación del balón (los defensores juegan en inferioridad numérica de 8 contra 4).
Ejercicio 4: Ejercicio para la mejora de la recuperación del balón (se juega en igualdad numérica de 4 contra 4).
Ejercicio 5: Ejercicio para la mejora de la recuperación del balón (se juega en igualdad numérica de 6 contra 6).
Ejercicio 6: Ejercicio para la mejora de la recuperación del balón (en base a ataques y defensas continuas, intentarán la recuperación del balón mediante entradas (recuperación directa)).

4. **LA PRESIÓN COLECTIVA: Ejercicios para la mejora de su eficacia.**

Introducción: definición y desarrollo.

Ejercicio 1: Ejercicio para la mejora de la presión colectiva (Defensores en superioridad numérica).
Ejercicio 2: Ejercicio para la mejora de la presión colectiva (Defensores en presión 1 x 1 respecto al poseedor del balón).
Ejercicio 3: Ejercicio para la mejora de la presión colectiva (Grupo defensor en inferioridad numérica 4 x 3).
Ejercicio 4: Ejercicio para la mejora de la presión colectiva (Grupo defensor debe aplicar la presión de 1 x 1 sobre el nuevo poseedor del balón).
Ejercicio 5: Ejercicio para la mejora de la presión colectiva (reducción del espacio, nuevo posicionamiento defensivo).
Ejercicio 6: Ejercicio para la mejora de la presión colectiva (impedir la progresión en el juego, presión de 1 contra poseedor del balón, reducción del espacio horizontal).

5. **LA PROVOCACIÓN DEL FUERA DE JUEGO DESDE DEFENSA ZONAL: Ejercicios para la mejora de su eficacia.**

Neutralización de ataques combinativos

Ejercicio 1: Ejercicio para la mejora de la provocación del fuera de juego (el grupo atacante, en superioridad numérica de 5 x 4).
Ejercicio 2: Ejercicio para la mejora de la provocación del fuera de juego (el grupo defensor reduce espacio vertical, dejando en posición de fuera de juego a los rivales más).
Ejercicio 3: Ejercicio para la mejora de la provocación del fuera de juego (el grupo de defensor en repliegue para modificarlo en función de la posición vertical del balón).
Ejercicio 4: Ejercicio para la mejora de la provocación del fuera de juego (el grupo defensor se posicionará en repliegue o en intermedio intentará neutralizar la ofensiva del rival).
Ejercicio 5: Ejercicio para la mejora de la provocación del fuera de juego (el grupo defensor en caso de que encuentre el balón en los pasillos laterales, se realizará presión colectiva y fuera de juego de forma directa.
Ejercicio 6: Ejercicio para la mejora de la provocación del fuera de juego (el grupo defensor realizará presión colectiva en el pasillo central y, la línea de defensas adelantará la línea y reducirá las distancias verticales con la línea superior (fuera de juego de forma directa).

Neutralización de ataques directos

Ejercicio 7: Ejercicio para la mejora de la provocación del fuera de juego. 2 grupos de 4 jugadores más un portero.
Ejercicio 8: Ejercicio para la mejora de la provocación del fuera de juego. 2 grupos de 6 jugadores más un portero.
Ejercicio 9: Ejercicio para la mejora de la provocación del fuera de juego. 3 grupos de 4 jugadores más un portero.
Ejercicio 10: Ejercicio para la mejora de la provocación del fuera de juego. 3 grupos de 4 jugadores más un portero (2 grupos ofensivos de 4 jugadores contra 1 defensivo).
Ejercicio 11: Ejercicio para la mejora de la provocación del fuera de juego. 2 equipos de 7 jugadores en un sistema de juego de 1 - 3 - 2 - 1.
Ejercicio 12: Ejercicio para la mejora de la provocación del fuera de juego. 2 equipos de 7 jugadores en un sistema de juego de 1 - 3 - 2 - 1.

6. LA TRANSICIÓN ATAQUE – DEFENSA: Ejercicios para la mejora de su eficacia.

Introducción: Definición.

Ejercicio 1: Ejercicio para la mejora de la transición de ataque a defensa (en igualdad numérica 6 contra 6).
Ejercicio 2: Ejercicio para la mejora de la transición de ataque a defensa (en superioridad numérica 6 contra 5).
Ejercicio 3: Ejercicio para la mejora de la transición de ataque a defensa (2 equipos de 5 jugadores, defensor con un portero y una línea de horizontal de 4 jugadores, el grupo ofensivo juega en superioridad numérica en un sistema de 4-1, más 1 portero).
Ejercicio 4: Ejercicio para la mejora de la transición de ataque a defensa (el defensor o defensores que se encuentren por delante del balón, quedarán en esa fase defensiva fuera del juego).
Ejercicio 5: Ejercicio para la mejora de la transición de ataque a defensa (los atacantes efectuarán ataques combinativos).
Ejercicio 6: Ejercicio para la mejora de la transición de ataque a defensa (el grupo defensor, en todas las faltas que se produzcan, debe temporizar el saque para obtener una organización defensiva completa del grupo).

7. LOS DESMARQUES DE APOYO Y DE RUPTURA: Ejercicios para la mejora de su eficacia.

Introducción: Definición y objetivos de los desmarques de apoyo y ruptura

Ejercicio 1: Ejercicio con cambios de orientación del juego hacia zona contraria. (Superioridad numérica).
Ejercicio 2: Ejercicio con cambios de orientación del juego hacia zona contraria (igualdad numérica).
Ejercicio 3: Ejercicio buscando mantener el mayor tiempo posible la posesión del balón.
Ejercicio 4: Ejercicio para la mejora de los desmarques de apoyo buscando mantener la posesión del balón y finalizar a gol en las distintas porterías.
Ejercicio 5: Ejercicio para la mejora de los desmarques de apoyo y los desmarques de ruptura.
Ejercicio 6: Ejercicio para la mejora de los desmarques de apoyo y los desmarques de ruptura (Cambios de rol de cada equipo tras consecución de gol).

8. LAS PAREDES: Ejercicios con finalización y sin finalización.

Introducción: Concepto y objetivos

Ejercicios sin finalización

Ejercicio 1: Ejercicio para la mejora de la pared (ambos grupos intentarán mantener el máximo tiempo la posesión de los tres balones).
Ejercicio 2: Ejercicio para la mejora de la pared (la tarea se desarrollará en superioridad numérica de 8 contra 4).
Ejercicio 3: Ejercicio para la mejora de la pared (ambos grupos intentarán, apoyados en su superioridad numérica con la ayuda de los comodines, mantener el máximo tiempo la posesión).

Ejercicios con finalización

Ejercicio 4: Ejercicio para la mejora de la pared (los atacantes están obligados a realizar un mínimo de dos paredes antes de poder intentar el gol).
Ejercicio 5: Ejercicio para la mejora de la pared (6 contra 6 en un sistema de juego de 4-2).
Ejercicio 6: Ejercicio para la mejora de la pared (6 contra 6 más portero en un sistema de juego de 1-3-3).

9. LOS DESDOBLAMIENTOS EN UN JUEGO PREDOMINANTEMENTE DE BANDAS: Ejercicios para la mejora de su eficacia.

Introducción: Definición y clasificación de los desdoblamientos.

Ejercicio 1: Ejercicio para la mejora en la realización de los desdoblamientos simples, en sentido vertical y directo.
Ejercicio 2: Ejercicio para la mejora en la realización de los desdoblamientos simples, en sentido vertical.
Ejercicio 3: Ejercicio para la mejora en la realización de los desdoblamientos simples, en sentido horizontal.
Ejercicio 4: Ejercicio para la mejora en la realización de los desdoblamientos simples, en sentido horizontal (Superioridad numérica 8x4).
Ejercicio 5: Ejercicio para la mejora en la realización de los desdoblamientos simples, en sentido vertical y directo (se establecerá un juego predominantemente de bandas, con los que intentará progresar y finalizar el ataque).
Ejercicio 6: Ejercicio para la mejora en la realización de los desdoblamientos compuestos e indirectos.

10. CREACIÓN, OCUPACIÓN Y APROVECHAMIENTOS DE LOS ESPACIOS LIBRES: Ejercicios para la mejora de su eficacia.

Introducción: Definición.

Ejercicio 1: Ejercicio para la mejora de la creación, ocupación y aprovechamiento de los espacios libres desarrollados por un mismo jugador.
Ejercicio 2: Ejercicio para la mejora de la creación, ocupación y aprovechamiento de los espacios libres desarrollado por jugadores de distintas líneas.
Ejercicio 3: Ejercicio para la mejora de la creación, ocupación y aprovechamiento de los espacios libres, en función de las circunstancias del juego.
Ejercicio 4: Ejercicio para la mejora de la creación, ocupación y aprovechamiento de los espacios libres en las zonas laterales cuando el rival defiende en zonas en un bloque muy compacto.
Ejercicio 5: Ejercicio para la mejora de la creación, ocupación y aprovechamiento de los espacios libres, explotando las zonas pasivas defensivas.
Ejercicio 6: Ejercicio para la mejora de la creación, ocupación y aprovechamiento de los espacios libres, explotando los espacios libres creados por detrás de la línea de defensas, mediante pases interiores.

11. LA POSESIÓN DEL BALÓN CON FINALIZACIÓN: Ejercicios para la mejora de su eficacia.

Introducción: Definición y desarrollo.

Ejercicio 1: Ejercicio para la mejora de la posesión de balón con finalización (Los atacantes mantendrán la posesión del balón, circulándolo por todo el espacio de juego hasta progresar y finalizar el ataque).
Ejercicio 2: Ejercicio para la mejora de la posesión de balón con finalización (En la zona de finalización, a partir del el cuarto pase, efectuarán continuos desmarques de ruptura con el fin de recibir el pase desde la otra zona y finalizar con tiro).
Ejercicio 3: Ejercicio para la mejora de la posesión de balón con finalización (se enfrentan 3 grupos de 4 jugadores más 2 porteros).
Ejercicio 4: Ejercicio para la mejora de la posesión de balón con finalización (se enfrentan 2 grupos de 6, en un sistema de juego de 3-3.
Ejercicio 5: Ejercicio para la mejora de la posesión de balón con finalización (se enfrentan 2 grupos de 6 más un portero en un sistema de juego de 3 - 3.
Ejercicio 6: Ejercicio para la mejora de la posesión de balón con finalización (se enfrentan 2 grupos de 6 más un portero en un sistema de juego de 3 -3. El grupo ofensivo realizará ataques combinativos estableciendo un juego predominantemente de bandas).

12. LA CONSERVACIÓN DEL JUEGO: Ejercicios para la mejora de su eficacia.

Introducción: Definición y objetivos.

Ejercicio 1: Ejercicio para la mejora en el mantenimiento y la conservación de la posesión del balón (se juega en superioridad numérica de 4 contra 2).
Ejercicio 2: Ejercicio para la mejora en el mantenimiento y la conservación de la posesión del balón (se juega en superioridad numérica de 8 contra 4).
Ejercicio 3: Ejercicio para la mejora en el mantenimiento y la conservación de la posesión del balón (se juega en superioridad numérica de 7 contra 5).
Ejercicio 4: Ejercicio para la mejora en el mantenimiento y la conservación de la posesión del balón (se juega en igualdad numérica de 6 contra 6).
Ejercicio 5: Ejercicio para la mejora en el mantenimiento y la conservación de la posesión del balón (se juega en igualdad numérica de 6 contra 6 en un sistema de juego de 3-3).
Ejercicio 6: Ejercicio para la mejora en el mantenimiento y la conservación de la posesión del balón (se juega en función del resultado en igualdad numérica de 6 contra 6, el grupo establecerá una dinámica en el juego u otra).

13. LA TRANSICIÓN DEFENSA-ATAQUE: Ejercicios para la mejora de su eficacia.

Introducción: Definición.

Ejercicio 1: Ejercicio para la mejora de la transición de defensa a ataque (cuatro porterías en los laterales).
Ejercicio 2: Ejercicio para la mejora de la transición de defensa a ataque (se jugará con una dinámica constante en el juego de ampliar y reducir el espacio de juego).
Ejercicio 3: Ejercicio para la mejora de la transición de defensa a ataque (el grupo defensivo en repliegue intensivo en una línea de 3).
Ejercicio 4: Ejercicio para la mejora de la transición de defensa a ataque (acciones conjuntas desarrollando ataques o contraataques y defensas continúas).
Ejercicio 5: Ejercicio para la mejora de la transición de defensa a ataque (el grupo defensivo posicionado en plegado o intermedio).
Ejercicio 6: Ejercicio para la mejora de la transición de defensa a ataque (se enfrentan 2 grupos de 6 jugadores más un portero, en un sistema de juego de 1 - 4 - 2).

14. EL CONTRAATAQUE: Ejercicios para la mejora de su eficacia desde diferentes posicionamientos.

Introducción: Definición y desarrollo.

Ejercicio 1: Ejercicio para la mejora del contraataque iniciado desde repliegue.
Ejercicio 2: Ejercicio para la mejora del contraataque iniciado desde el posicionamiento de intermedio o plegado.
Ejercicio 3: Ejercicio para la mejora del contraataque iniciado desde el posicionamiento de intermedio o plegado (Con líneas de defensas en campo propio y las de medios en campo contrario).
Ejercicio 4: Ejercicio para la mejora del contraataque iniciado desde el posicionamiento avanzado.
Ejercicio 5: Ejercicio para la mejora del contraataque desde el posicionamiento defensivo elegido previamente por el entrenador (replegado, plegado o avanzado).
Ejercicio 6: Ejercicio para la mejora del contraataque desde donde tenga lugar la pérdida de posesión por el atacante.

Ora

LOS POSICIONAMIENTOS DEFENSIVOS: Ejercicios para la mejora de su eficacia

Por posicionamiento defensivo se entiende la superficie del terreno de juego que se elige, se ocupa y se instala un equipo para desarrollar su fase defensiva. Se buscará esta ocupación sobre el campo para que el equipo sea más eficaz defensivamente y que, una vez recuperado el balón, facilite la ofensiva, contraataque como primera opción y ataque como segunda opción.

Cuando se pierde la posesión del balón, el equipo debe tener prevista una ubicación en el terreno de juego en el que se encuentre más a gusto y que facilite actuar con eficacia en defensa, sobre el balón, los espacios y a los adversarios.

Objetivos que se pretenden lograr con el posicionamiento defensivo.

- Presentar un bloque compacto entre el balón y nuestra portería.
- Organizarse en el espacio del terreno de juego más beneficioso para nuestros intereses defensivos y ofensivos.
- Organizar la fase defensiva en un lugar relativamente pequeño, con el fin de realizar la fase defensiva de la forma más efectiva posible.
- Neutralizar la ofensiva del adversario.
- Evitar la progresión del ataque del adversario.
- Facilitar la recuperación de la posesión del balón.
- Facilitar la posterior ofensiva (contraataque como primera opción y ataque como segunda opción).

EJERCICIO 1: Ejercicio para la mejora en el posicionamiento defensivo en repliegue intensivo.

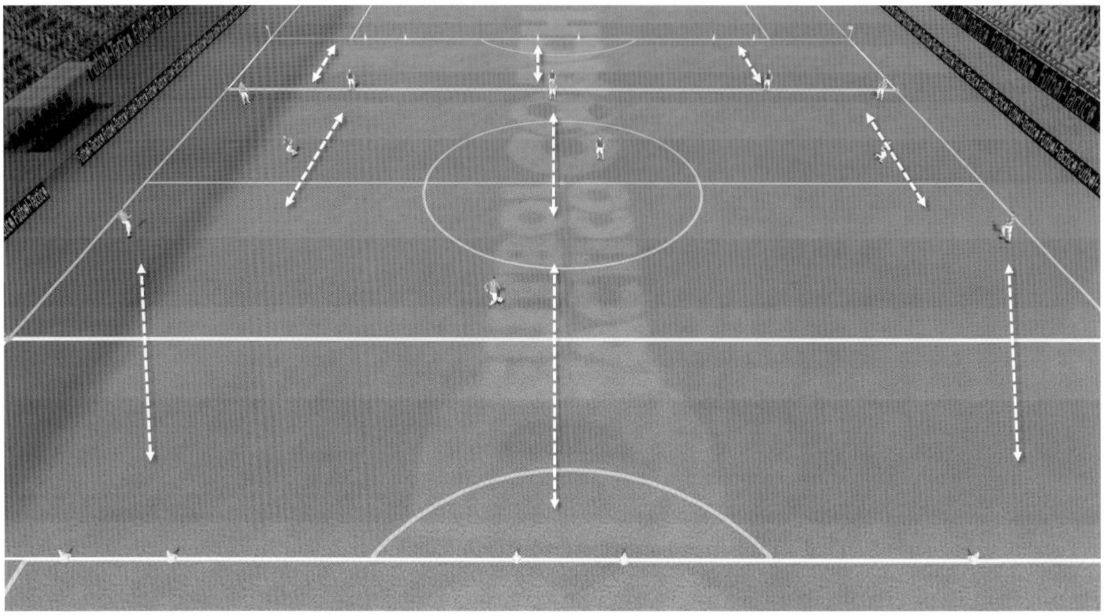

Disposición: En un espacio de juego de 60 x 40 mts, se enfrentan dos grupos de seis jugadores en un sistema de juego de 3 - 3.

Fundamentos y principios tácticos defensivos:

- Realizar una rápida transición de ataque a defensa.
- Establecer y mantener el posicionamiento en repliegue intensivo.
- Manifestar una organización defensiva zonal.
- Realización de repliegues colectivos cuando el rival obligue a retrasar el posicionamiento defensivo.
- Realización de reducciones del espacio vertical para recuperar el posicionamiento defensivo inicial.
- Actuar con velocidad defensiva para alcanzar el posicionamiento defensivo deseado y para organizarse en la zona del balón.
- Manifestar una correcta orientación postural.
- Dentro del posicionamiento defensivo jugar con intensidad defensiva para recuperar la posesión del balón.

Material: Conos para marcar el espacio de juego, los posicionamientos defensivos y las tres porterías en cada línea de meta. Balones suficientes. Petos para diferenciarse ambos grupos.

Desarrollo: La tarea se desarrolla mediante acciones conjuntas con continuidad y finalización. El grupo atacante, realizará ataques combinativos y tendrán la obligación de dar un mínimo de dos pases en su propio campo para poder progresar y finalizar el ataque (tiempo que se le concede a los defensores para alcanzar el posicionamiento elegido). Los goles se lograrán cuando un jugador entre en conducción en una de las tres porterías. El grupo defensor, deberá defender en el posicionamiento defensivo de repliegue intensivo, este posicionamiento se procurará mantener durante toda la fase defensiva. En el caso de que el contrario obligue a replegar se defenderá más atrás y en el momento que exista una regresión del balón, se reducirá el espacio vertical y, de esta forma, se volverá a posicionarse en repliegue intensivo. Al mismo tiempo que se mantiene el posicionamiento, se presionará al rival para recuperar la posesión del balón y, con ello, realizar ataque en las mismas condiciones mencionadas anteriormente.

EJERCICIO 2: Ejercicio para la mejora en el posicionamiento defensivo en repliegue intensivo (tanto en posicionamiento en igualdad o inferioridad numérica, se intentará recuperar el balón).

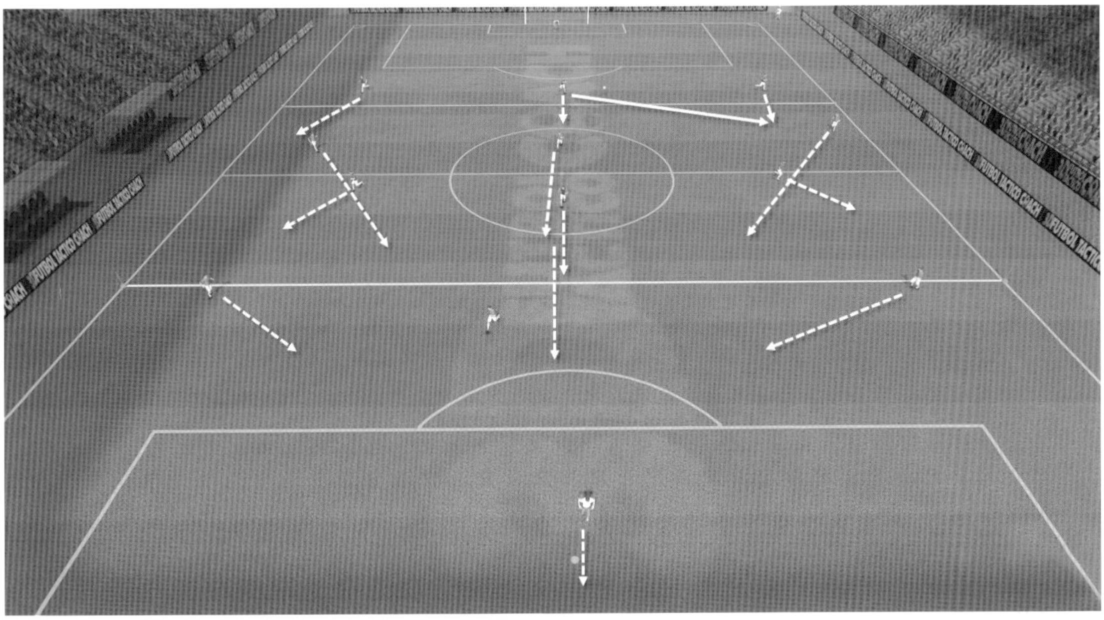

© 3D Fútbol Táctico Coach

Disposición: En un espacio de juego de 60 x 40 mts, se enfrentan dos grupos de seis jugadores más dos porteros, en un sistema de juego de 3 – 3.

Fundamentos y principios tácticos defensivos:

- Realizar adecuada transición de ataque a defensa.
- Establecer y mantener un posicionamiento en repliegue intensivo.
- Manifestar una organización defensiva zonal.
- Realización de temporizaciones colectivas hasta alcanzar el posicionamiento determinado.
- Realización de repliegues colectivos para alcanzar el posicionamiento de repliegue intensivo y cuando el adversario progrese en el ataque.
- Reducciones del espacio vertical para recuperar el posicionamiento elegido.
- Actuar con velocidad defensiva para llegar al posicionamiento defensivo y a organizarse en la zona del balón.
- Manifestar una adecuada orientación postural.
- Dentro del posicionamiento defensivo actuar con intensidad defensiva.

Material: Conos para marcar el espacio de juego y los posicionamientos. Balones suficientes. Petos para diferenciarse ambos grupos.

Desarrollo: La tarea se desarrolla en base a acciones conjuntas con continuidad y finalización. El grupo atacante iniciará los ataques con el único condicionante de dar un pase en su propio terreno de juego para estar en condiciones de intentar la progresión y finalización del ataque en el gol. Este equipo cuando pierda la posesión del balón deberá posicionarse en repliegue intensivo, debiendo realizarlo con la mayor velocidad posible al disponer solo del tiempo de que el rival tenga que dar un pase antes de la progresión. Una vez perdida la posesión del balón, el defensor que permanezca en campo contrario estando el balón en su campo quedará eliminado, debiendo defender en inferioridad numérica durante ese ataque. Con esta medida se obligará a los defensores a replegar rápidamente y a defender manteniendo el posicionamiento en repliegue intensivo. En ese posicionamiento, en igualdad o inferioridad numérica, se intentará recuperar el balón e iniciar ataque en las condiciones ya descritas.

EJERCICIO 3: Ejercicio para la mejora en el posicionamiento defensivo (se defiende en posicionamiento intermedio).

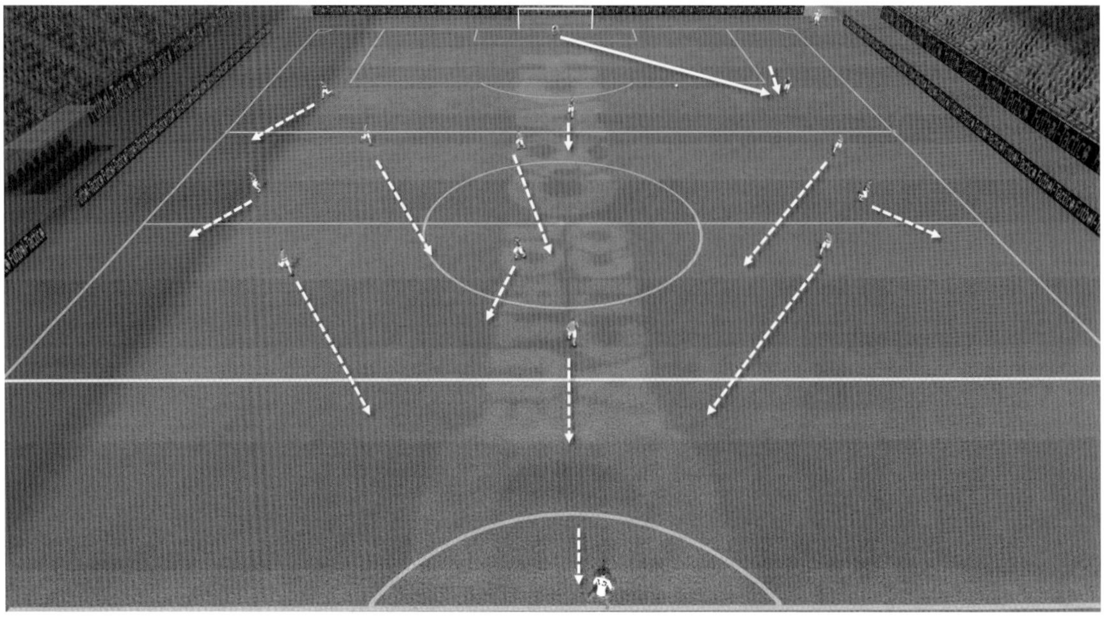

© 3D Fútbol Táctico Coach

Disposición: En un espacio de juego de 60 x 40 mts, se enfrentan dos grupos de seis jugadores más dos porteros, en un sistema de juego de 3 – 3.

Fundamentos y principios tácticos defensivos:

- Cumplir con una adecuada transición de ataque a defensa.
- Establecer y mantener un posicionamiento defensivo intermedio (línea de defensas en campo propio y línea de medios en campo contrario).
- Manifestar una organización defensiva zonal.
- Manifestar una adecuada orientación postural.
- Realización de repliegues colectivos para alcanzar el posicionamiento deseado y en el caso de que el rival progrese en el ataque.
- Reducciones del espacio vertical para recuperar el posicionamiento deseado.
- Actuar con velocidad e intensidad defensiva dentro del posicionamiento defensivo elegido.

Material: Conos para marcar el espacio de juego y los posicionamientos. Balones suficientes. Petos para diferenciarse ambos grupos.

Desarrollo: La tarea se desarrolla en base a acciones conjuntas con continuidad y finalización. El grupo atacante desarrollará ataques combinativos con los que intentará progresar y finalizar los mismos. Estos ataques tendrán el único condicionante de tener que ser iniciados desde su portero (tiempo del que dispondrán los defensores para llegar al posicionamiento defensivo en intermedio). Los atacantes cuando pierdan la posesión del balón se posicionarán en intermedio e intentarán defender toda la fase defensiva en dicho posicionamiento. Al mismo tiempo, dentro de este posicionamiento se presionará al rival para recuperar la posesión del balón e iniciar un ataque en las mismas condiciones ya descritas.

EJERCICIO 4: Ejercicio para la mejora en el posicionamiento defensivo (se enfrentan 3 grupos).

© 3D Fútbol Táctico Coach

Disposición: En un espacio de juego de 60 x 50 mts, se enfrentan tres grupos de cuatro jugadores cada uno, los cuales se disponen tal y como se ve en el gráfico.

Fundamentos y principios tácticos defensivos:

- Desarrollar una eficaz transición de ataque a defensa.
- Establecer un posicionamiento defensivo en avanzado.
- Manifestar una organización defensiva zonal.
- Mostrar una adecuada orientación postural.
- Actuar con velocidad defensiva para posicionarse en avanzado.
- Jugar con intensidad defensiva para intentar recuperar el balón en campo contrario y en el menor tiempo.

Material: Conos para marcar el espacio de juego, los posicionamientos y la zona de punto. Balones suficientes. Petos para diferenciarse los tres grupos.

Desarrollo: La tarea se desarrolla en base a acciones conjuntas con continuidad y finalización. La tarea se basará en ataques y defensas continuas entre los tres grupos. El grupo atacante desarrollará ataques combinativos y una vez perdida la posesión del balón, realizará una rápida transición de ataque a defensa y se posicionará en avanzado, realizando presión sobre el rival que intentará progresar para enfrentarse al tercer equipo posicionado en repliegue. En el caso de recuperar el balón realizará contraataque teniendo un máximo de tres pases para finalizar la acción ofensiva.

EJERCICIO 5: Ejercicio para la mejora en el posicionamiento defensivo (el grupo atacante cuando pierda la posesión de balón en uno de los pasillos laterales se posicionará en avanzado e intentará recuperar la posesión del balón en el menor tiempo, si la recuperación del balón se produce en otras zonas el grupo se posicionará en intermedio).

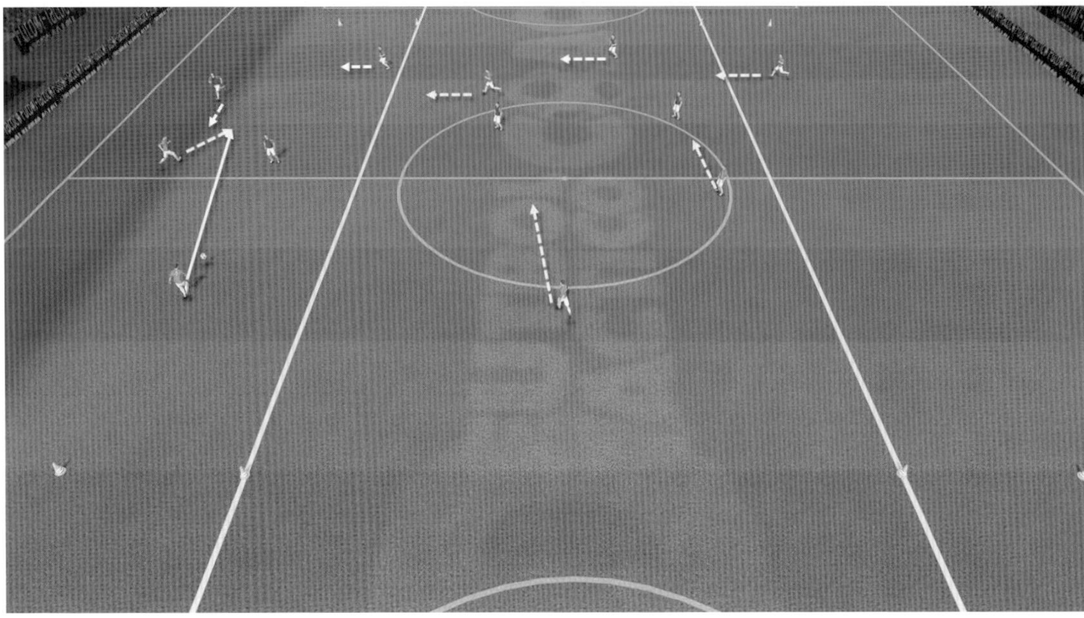

Disposición: En un espacio de juego de 60 x 35 mts, se enfrentan dos grupos de seis jugadores en un sistema de juego de 3 - 3.

Fundamentos y principios tácticos defensivos:

- Cumplir con una eficaz transición de ataque a defensa.
- Posicionarse en avanzado y en intermedio.
- Mostrar una organización defensiva zonal.
- Manifestar una correcta orientación postural.
- Actuar con velocidad defensiva para posicionarse en avanzado.
- Jugar con intensidad defensiva para recuperar el balón en el menor tiempo.

Material: Conos para marcar el espacio de juego, los pasillos laterales y las dos porterías colocadas en los laterales de las líneas de meta. Balones suficientes. Petos para diferenciarse los grupos.

Desarrollo: La tarea se realiza mediante acciones conjuntas con continuidad y finalización. El grupo ofensivo desarrollará ataques combinativos, los cuales se desarrollarán con un juego predominantemente de bandas, los cuales se verán favorecidos debido a la posición de las porterías y se logrará el gol entrado en conducción en dichas porterías. Este grupo cuando pierda la posesión de balón en uno de los pasillos laterales se posicionará en avanzado e intentará recuperar la posesión del balón en el menor tiempo, si la recuperación del balón se produce en otras zonas el grupo se posicionará en intermedio. En el caso de que se recupere el balón en la banda, la primera opción ofensiva será el contraataque, el cual tendrá que ser finalizado antes del tercer pase. Si no fuese posible el contraataque, se retrasará el balón a campo propio y se organizará ataque en las condiciones mencionadas anteriormente.

EJERCICIO 6: Ejercicio para la mejora en el posicionamiento defensivo (el entrenador indicará el posicionamiento defensivo a instalarse una vez perdida la posesión del balón durante el ataque).

© 3D Fútbol Táctico Coach

Disposición: En un espacio de juego de 60 x 40 mts, se enfrentan dos grupos de seis jugadores más un portero, en un sistema de juego de 3 - 3.

Fundamentos y principios tácticos defensivos:

- Cumplir con una adecuada transición de ataque a defensa.
- Establecer un posicionamiento defensivo en repliegue intensivo, en intermedio y en avanzado.
- Mostrar una organización defensiva zonal.
- Mantener en todo momento una adecuada orientación postural.
- Se realizarán repliegues colectivos para posicionarse en el posicionamiento deseado.
- Realización de reducciones del espacio vertical para posicionarse en un posicionamiento defensivo más adelantado.
- Actuar con velocidad para alcanzar el posicionamiento defensivo deseado.
- Dentro de los posicionamientos defensivos deseados actuar con intensidad defensiva para recuperar la posesión del balón.

Material: Conos para marcar los posicionamientos defensivos. Balones suficientes. Petos para diferenciarse ambos grupos.

Desarrollo: La tarea se desarrolla mediante acciones conjuntas con continuidad y finalización. El equipo atacante desarrollará ataques combinativos con los que buscará progresar por los carriles más adecuados para finalizarlos. El entrenador indicará el posicionamiento defensivo a instalarse una vez perdida la posesión del balón durante el ataque. Los posicionamientos defensivos estarán previamente numerados de la siguiente forma:

- Repliegue intensivo = 1.
- Posicionamiento intermedio = 2.
- Posicionamiento en avanzado = 3.

El equipo atacante, una vez que el entrenador indique el posicionamiento defensivo, trabajará de forma adecuada para ubicarse en el posicionamiento seleccionado y una vez en este posicionamiento, se procurará mantener dicho posicionamiento y, al mismo tiempo, se presionará para recuperar la posesión del balón. Si esto se consigue, se realizará ataque o contraataque en función de las posibilidades que ofrezca la ofensiva.

BLOQUE COMPACTO DEFENSIVO:
Ejercicios para la mejora de su eficacia

Una vez que el equipo haya realizado una adecuada transición de ataque a defensa y haya alcanzado el posicionamiento defensivo deseado, debemos organizarnos defensivamente y formar un bloque compacto defensivo en la zona del balón.
Por bloque compacto defensivo entendemos el agrupamiento de los jugadores del equipo que se oponen entre el balón y nuestra portería. En este agrupamiento de jugadores hay un aspecto básico que debemos tener muy en cuenta, que son las distancias entre las líneas y los componentes de las distintas líneas del equipo. Como todos sabemos, todos los jugadores son diferentes y en este sentido hay jugadores que tienen capacidad para abarcar zonas más amplias y otros su capacidad de dominar espacios es más reducida. Por todo ello, debemos considerar este aspecto e incluso llegar a utilizar un mayor número de jugadores en ciertos sectores o líneas del campo.

EJERCICIO 1: Ejercicio para la mejora de un mantenimiento de un bloque compacto defensivo (se forman dos líneas horizontales de 4 jugadores enfrente de 4 balones que establecen las distintas posiciones del balón).

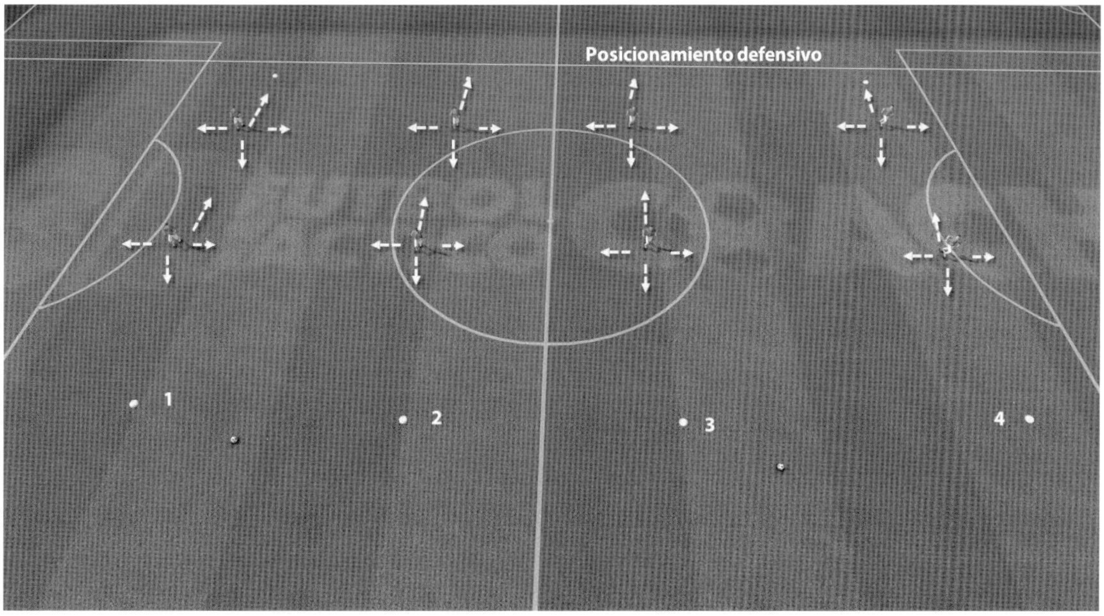

© 3D Fútbol Táctico Coach

Disposición: En un terreno de juego de 60 x 20 mts, se forma un grupo de 8 jugadores en dos líneas horizontales de 4 jugadores, colocados enfrente de cuatro balones, los cuales estarán numerados.

Fundamentos y principios tácticos defensivos:

- Establecimiento de un posicionamiento defensivo.
- Manifestar una organización defensiva zonal.
- Mantenimiento de un bloque compacto defensivo (distancias laterales entre componentes de una misma línea y distancias verticales entre componentes de distinta línea) en todas las posiciones del balón.
- Realización de basculaciones horizontales (modificación de los jugadores en la zona en función de la posición del balón).
- Formación de zonas activas y pasivas defensivas.
- Mantenimiento de una adecuada orientación postural del grupo en función de la posición del balón.
- Actuar con velocidad defensiva para presentar el bloque compacto defensivo en la posición del balón en el menor tiempo posible.

Material: Conos que marquen el posicionamiento principal. Cuatro balones.

Desarrollo: La tarea se desarrolla mediante movimientos tácticos defensivos. Se forman dos líneas horizontales de 4 jugadores enfrente de 4 balones que establecen las distintas posiciones del balón. El entrenador, situado enfrente del grupo, irá citando las posiciones del balón. Los jugadores de ambas líneas deberán cumplir con los fundamentos y principios tácticos defensivos expuestos anteriormente, procurando mantener en todas las posiciones del balón un bloque compacto defensivo; para todo ello, se mantendrán correctamente las distancias laterales (9 ó 10 mts) y verticales (10 ó 12 mts) entre las líneas y los componentes de las mismas, durante las basculaciones horizontales efectuadas. La duración de la tarea será corta por la pérdida de concentración que puede producir este tipo de tareas.

EJERCICIO 2: Ejercicio para la mejora de un mantenimiento de un bloque compacto defensivo (se forman dos líneas horizontales de 4 jugadores enfrente de 8 balones colocados a distintas alturas que establecen las diferentes posiciones del balón).

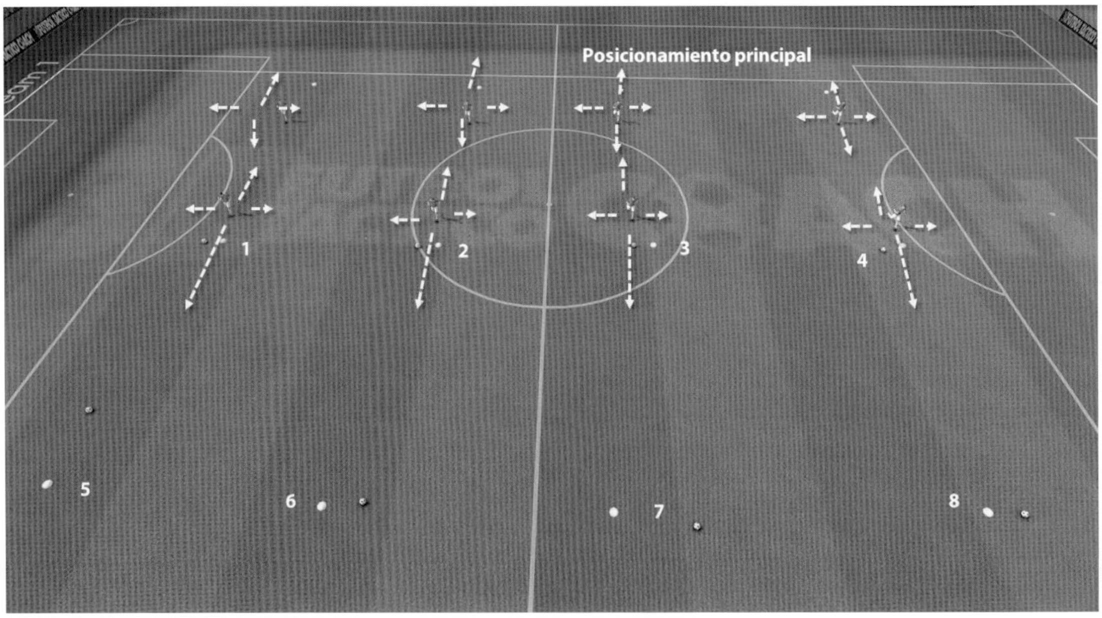

© 3D Fútbol Táctico Coach

Disposición: En un terreno de juego de 60 x 40 mts, se forma un grupo de 8 jugadores en dos líneas horizontales de 4 jugadores, enfrente de ocho conos o balones colocados a distintas alturas que marcan las distintas posiciones del balón.

Fundamentos y principios tácticos defensivos:

- Establecimiento de un posicionamiento defensivo.
- Manifestar una organización defensiva zonal.
- Mantenimiento de un bloque compacto defensivo (distancias laterales entre componentes de una misma línea y distancias verticales entre componentes de distinta línea) en todas las posición del balón.
- Realización de basculaciones horizontales y verticales.
- Formación de zonas activas y pasivas defensivas.
- Mantenimiento de una adecuada orientación postural del grupo en función de la posición del balón.
- Realización de repliegues colectivos en todas las posiciones que indiquen progresión del balón y reducción del espacio vertical (recuperación del posicionamiento defensivo) en todas las posiciones del balón que indiquen regresión del balón. Estas acciones se lograrán mediante las basculaciones verticales.
- Actuar con velocidad defensiva para presentar el bloque compacto defensivo en la posición del balón en el menor tiempo posible.

Material: Conos que marquen el posicionamiento defensivo principal y las diferentes posiciones del balón. Ocho balones.

Desarrollo: La tarea se desarrolla mediante movimientos tácticos defensivos. Se forman dos líneas horizontales de 4 jugadores enfrente de 8 balones colocados a distintas alturas que establecen las diferentes posiciones del balón. El entrenador, situado enfrente del grupo, irá citando las posiciones del balón. Los jugadores de ambas líneas deberán cumplir con los fundamentos y principios tácticos defensivos expuestos anteriormente, estableciendo un bloque compacto defensivo en todas las posiciones del balón; para todo ello, se mantendrán correctamente las distancias laterales (9 ó 10 mts) y verticales (10 ó 12 mts) entre las líneas y los componentes de las mismas durante las basculaciones horizontales y verticales efectuadas. La duración de la tarea será corta por la pérdida de concentración que puede producir este tipo de tareas.

EJERCICIO 3: Ejercicio para la mejora de un mantenimiento de un bloque compacto defensivo (prestando especial atención a la formación del bloque compacto defensivo en todas las posiciones del balón).

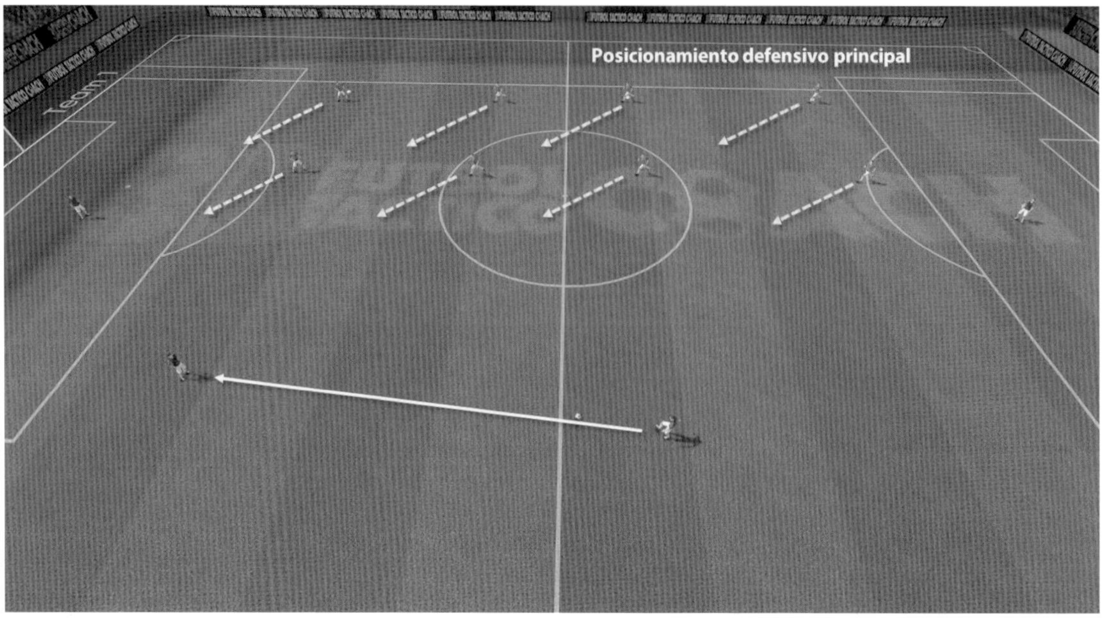

© 3D Fútbol Táctico Coach

Disposición: En un espacio de juego de 60 x 40 mts, se enfrentan dos grupos de jugadores: los que hacen funciones defensivas en número de 8 jugadores, colocados en dos líneas horizontales de 4 jugadores y los que hacen funciones ofensivas en una línea de 4 jugadores, ocupando toda la anchura del espacio de juego.

Fundamentos y principios tácticos defensivos:

- Establecer un posicionamiento defensivo principal.
- Manifestar una organización defensiva zonal.
- Presentar un bloque compacto defensivo en todas las posiciones del balón.
- Desarrollar basculaciones horizontales y verticales.
- Formación de zonas activas y pasivas defensivas.
- Realizar vigilancias defensivas sobre las zonas pasivas defensivas por parte de los jugadores más próximos a ellas.
- Actuar con velocidad defensiva para llegar a organizarse en todas las posiciones del balón (foco del ataque).
- Manifestar una adecuada orientación postural, tanto en el defensor que se enfrenta al poseedor del balón como del resto del grupo.

Material: Conos para marcar el espacio de juego y el posicionamiento defensivo principal. Balones suficientes. Petos para distinguirse los dos grupos.

Desarrollo: La tarea se desarrolla en base a evoluciones técnicas defensivas. El grupo atacante circulará el balón con precisión de un pasillo lateral al otro, los exteriores podrán mantener su posición o desarrollar desmarques de ruptura. El grupo defensor, cumplirá con todos los fundamentos y principios tácticos mencionados anteriormente; prestando especial atención a la formación del bloque compacto defensivo en todas las posiciones del balón. Para que todo esto se cumpla es necesario que las basculaciones horizontales y verticales se desarrollen con la velocidad defensiva adecuada, y de esta forma, poder instalar el bloque compacto defensivo en el foco del ataque. Cada cierto tiempo el entrenador alternará a los jugadores con el objetivo de que todos los jugadores participen en las funciones defensivas. La duración de la tarea no será extensa por la monotonía que produce y como consecuencia la posible falta de concentración de los jugadores. Un ejemplo de la duración de la tarea podría ser 3 series de 5 minutos.

EJERCICIO 4: Ejercicio para la mejora de un mantenimiento de un bloque compacto defensivo (el grupo defensor, se posicionará en repliegue o en intermedio y manifestará una organización defensiva zonal).

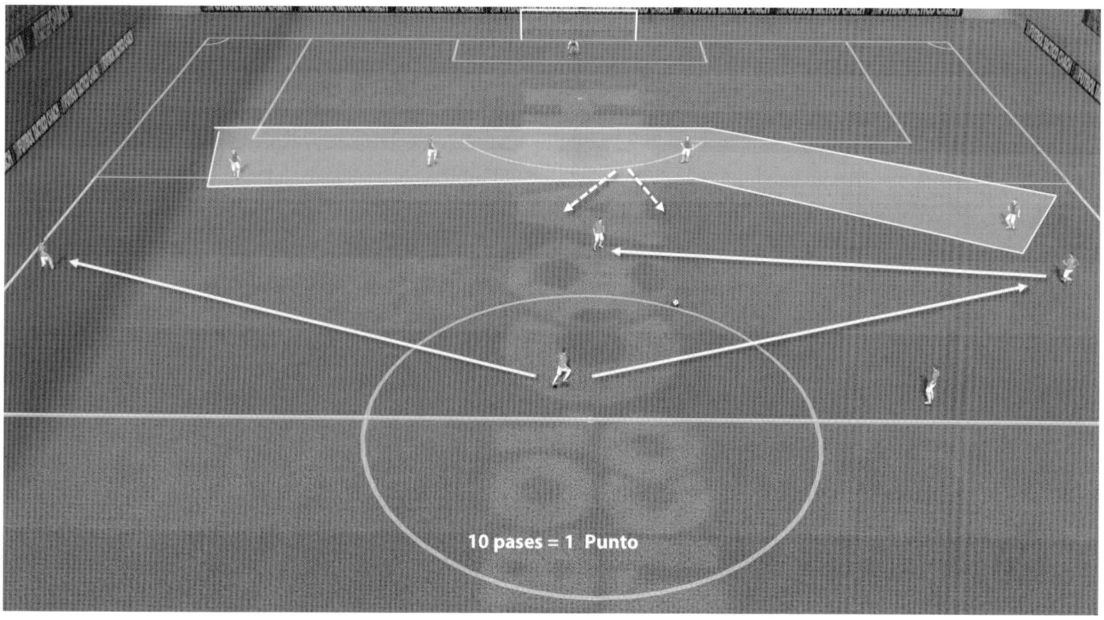

© 3D Fútbol Táctico Coach

Disposición: En un espacio de juego total de 60 x 50 ms, se forman dos grupos de cinco jugadores, actuando el grupo defensor en inferioridad numérica de 5 contra 4 al tener que jugar un jugador de portero en cada fase defensiva y una línea horizontal de cuatro jugadores, mientras que el grupo ofensivo jugará en superioridad numérica en un sistema de juego de 4 – 1.

Fundamentos y principios tácticos defensivos:

- Una vez perdida la posesión del balón, pasar de la ofensiva a la defensiva en el menor espacio de tiempo.
- Posicionarse en repliegue o en intermedio.
- Manifestar una organización defensiva zonal.
- Mantener un bloque compacto defensivo en todas las posiciones del balón (mantener unas adecuadas distancias laterales entre los componentes de la línea de defensas).
- Realizar basculaciones horizontales y verticales para instalar el bloque compacto defensivo en el foco del ataque (posición del balón).
- Formación de zonas activas y pasivas defensivas.
- Realización de vigilancias defensivas sobre las zonas pasivas defensivas.
- Mantener una adecuada orientación postural para obtener la mayor percepción del balón, espacio, compañeros y adversarios.
- Actuar con velocidad para llegar a todas las posiciones del balón.

Material: Conos para marcar el espacio de juego y los posicionamientos defensivos. Balones suficientes para no perder dinamismo en la tarea. Petos para diferenciarse ambos grupos.

Desarrollo: La tarea se realiza mediante acciones conjuntas con continuidad y finalización. El grupo atacante que estará obligado a iniciar los ataques desde su portero, intentará mediante ataques combinativos progresar y finalizar el ataque por el lugar más adecuado y lograr el gol. El grupo defensor, se posicionará en repliegue o en intermedio y manifestará una organización defensiva zonal. Dentro de ésta, formará en cada posición del balón un bloque compacto defensivo, manteniendo unas distancias laterales entre los componentes de la línea de defensas estrechas; todo ello, con el objetivo de dominar el espacio de juego en la posición que se encuentre el balón. Al mismo tiempo, tendrá que realizar vigilancias sobre las zonas pasivas defensivas por parte de los jugadores más próximos a esas zonas.

A los atacantes, teóricamente, le será muy difícil progresar por la zona donde está establecido el bloque compacto defensivo, por lo tanto, circularán el balón hacia otras zonas del campo. Ante esta respuesta, el grupo defensor tendrá que bascular horizontal o verticalmente y volver a establecer el bloque compacto defensivo nuevamente en el foco del ataque, intentando lograr que esta actuación se repita durante toda la fase defensiva hasta que se recupere la posesión del balón. La tarea la ganará el grupo que más goles haya logrado en el tiempo total del juego.

EJERCICIO 5: Ejercicio para la mejora de un mantenimiento de un bloque compacto defensivo (se desarrolla en superioridad numérica de los defensores de 8 [2 líneas de 4 jugadores] contra 4 jugadores).

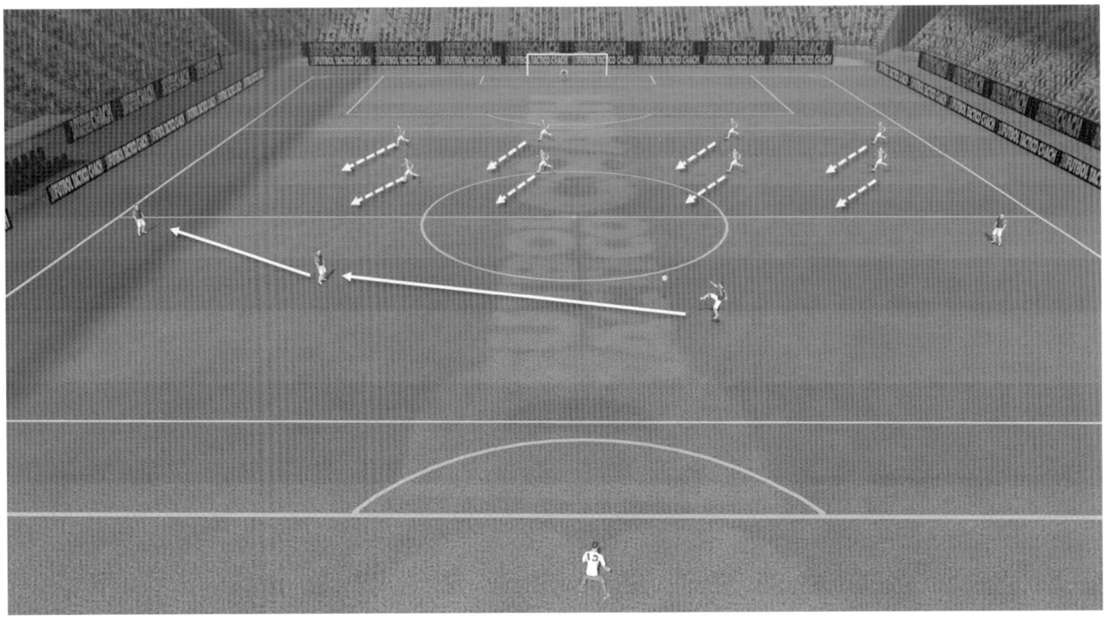

Disposición: En un espacio de juego de 60 x 50 mts, se enfrentan tres grupos de cuatro jugadores más dos porteros, los defensores en dos líneas de cuatro jugadores y los atacantes en una línea de cuatro jugadores (2 grupos contra 1).

Fundamentos y principios tácticos defensivos:

- Establecer un posicionamiento defensivo en repliegue intensivo o en intermedio.
- Manifestar una organización defensiva zonal.
- Presentar un bloque defensivo compacto en todas las posiciones del balón.
- Formación de zonas activas y pasivas defensivas.
- Realizar vigilancias defensivas sobre las zonas pasivas defensivas por parte de los jugadores más próximos a ellas.
- Desarrollar basculaciones horizontales y verticales.
- Actuar con velocidad defensiva para llegar a organizarse en todas las posiciones del balón (foco del ataque).

- Manifestar una adecuada orientación postural, tanto en el defensor que se enfrenta al poseedor del balón como del resto del grupo.
- Dentro del posicionamiento defensivo, crear densidad defensiva que nos permita crear superioridad numérica en el foco del ataque y jugar con intensidad defensiva para recuperar el balón.

Material: Conos para marcar el espacio de juego y los posicionamientos defensivos. Balones suficientes. Petos para distinguirse los tres grupos.

Desarrollo: La tarea se desarrolla en base a acciones conjuntas con continuidad y finalización. La tarea se desarrolla en superioridad numérica de los defensores de 8 (2 líneas de 4 jugadores) contra 4 jugadores. La línea de medios actuará siempre de comodines defensivos. El grupo atacante circulará el balón de un pasillo lateral al otro con la finalidad de superar a la línea de medios adversaria, de esta forma, esta línea quedará eliminada y así solo se enfrentarán a la línea de defensas intentando superarla para lograr el gol. El grupo defensor, en un principio, jugará en superioridad numérica de 8 contra 4, cumplirá con todos los fundamentos y principios tácticos defensivos mencionados anteriormente, prestando especial atención a establecer el bloque compacto defensivo en todas las posiciones del balón, una vez que la línea de medios haya sido rebasada y los atacantes se enfrenten contra la línea de defensas se actuará de la misma forma que exponíamos en la tarea anterior. El entrenador alternará las líneas de tal forma que todas participen en las funciones ofensivas y defensivas que requiere la tarea. La tarea la ganará el grupo que más puntos totalice en el tiempo total de la tarea.

EJERCICIO 6: Ejercicio para la mejora de un mantenimiento de un bloque compacto defensivo (las recuperaciones del balón las realizará de forma indirecta [interceptaciones, anticipaciones o forzar pérdidas de balón a los atacantes]).

© 3D Fútbol Táctico Coach

Disposición: En un espacio de juego de 60 x 50 mts, se enfrentan dos grupos de 6 jugadores más dos comodines defensivos (los exteriores). El grupo defensor en un sistema de juego de 4 – 4 y el grupo atacante en un sistema de juego de 4 – 2.

Fundamentos y principios tácticos defensivos:

- Establecer un posicionamiento defensivo en repliegue intensivo o en intermedio.
- Manifestar una organización defensiva zonal.
- Presentar un bloque defensivo compacto en todas las posiciones del balón.
- Formación de zonas activas y pasivas defensivas.
- Realización de vigilancias defensivas por parte de los jugadores más próximos a las zonas pasivas.
- Desarrollar basculaciones horizontales y verticales.
- Actuar con velocidad defensiva para llegar a organizarse en todas las posiciones del balón (foco del ataque).
- Manifestar una adecuada orientación postural, tanto en el defensor que se enfrenta al poseedor del balón como del resto del grupo.
- Dentro del posicionamiento defensivo, crear densidad defensiva que nos permita crear superioridad numérica en el foco del ataque y jugar con intensidad defensiva para recuperar el balón.

Material: Conos para marcar el espacio de juego y los posicionamientos defensivos. Balones suficientes. Petos para distinguirse los dos grupos y a los comodines defensivos.

Desarrollo: La tarea se desarrolla en base a acciones conjuntas con continuidad y finalización. El grupo atacante desarrollará ataques combinativos y jugará con el condicionante de no poder desbordar contrarios, la superación de las líneas adversarias tendrá que realizarse mediante pases, los goles se obtendrán desde dentro del área mediante tiros sin previo control. El grupo defensor, se posicionará en repliegue o en intermedio, establecerá una organización defensiva zonal y dentro de ella, prestará una atención especial a la formación de un bloque compacto defensivo en todas las posiciones del balón. Para lograr lo antedicho, se deberá bascular horizontal y verticalmente con la velocidad defensiva adecuada para, de esta forma, establecer el bloque compacto defensivo en el foco del ataque. El grupo defensor por el condicionante expuesto a los atacantes, las recuperaciones del balón las realizará de forma indirecta (interceptaciones, anticipaciones o forzar pérdidas de balón a los atacantes), cuando este grupo recupere la posesión del balón alternará las funciones con el grupo atacante. La tarea la ganará el grupo que más puntos consiga en el tiempo total del juego.

LA RECUPERACIÓN DEL BALÓN MEDIANTE INTERCEPTACIONES Y ENTRADAS: Ejercicios para la mejora de su eficacia.

La recuperación de la posesión del balón representa en la fase defensiva la culminación y la eficacia en dicha fase del juego. Para llegar a esta parte de la fase defensiva es necesario, en primer lugar, que el equipo cumpla adecuadamente con todas las sub-fases de la fase defensiva; es decir, con los fundamentos tácticos defensivos (transición de ataque a defensa, posicionamientos defensivos, organización defensiva y la presión colectiva). Posteriormente, con la aplicación de los principios tácticos defensivos (coberturas, permutas, repliegues, temporizaciones, vigilancias, interceptaciones, anticipaciones, entradas y cargas) se le dará más consistencia a los fundamentos tácticos defensivos y, con ello, poder lograr una eficaz recuperación del balón. La mayor eficacia en la recuperación del balón se obtendrá cuando ésta se realice en el menor tiempo y con el menor esfuerzo posible.

Se debe intentar que la recuperación de la posesión del balón se produzca más por calidad en la organización defensiva del colectivo que por acumulación de jugadores. Si hablamos de la primera opción ésta se produce por el buen trabajo defensivo del colectivo sobre el balón, los espacios, los compañeros y los adversarios; mientras que, la segunda se produce por acumulación de jugadores en un determinado posicionamiento defensivo.

Existen dos formas de poder arrebatar la posesión del balón al adversario:

- Provocando el error del rival y, con ello, la pérdida de la posesión del balón. En este caso se produce una interrupción en el juego; por lo tanto, se tendrá que reiniciar el juego mediante una acción a balón parado.
- Arrebatando el balón al adversario sin que exista una interrupción en el juego, esto lo conseguiremos mediante principios tácticos como: interceptaciones y entradas. Esta forma es en la que basaremos el presente artículo.

De las dos formas expresadas es aconsejable que la recuperación del balón se produzca de la forma expresada en el segundo punto tratado. La diferencia básica que existe entre ambas formas es la siguiente:

- Si recuperamos la posesión del balón y tenemos que reiniciar el juego mediante una acción a balón parado, el contrario tendrá la opción de poder organizarse defensivamente y, como consecuencia, en la transición de defensa a ataque perderemos la opción de realizar contraataque teniendo que realizar ataque.
- Si la recuperación se produce sin interrupciones en el juego, la transición de defensa ataque nos dará la oportunidad de una ofensiva más amplia, desarrollo de contraataques o de ataques.

EJERCICIO 1: Ejercicio para la mejora de la recuperación del balón (los atacantes juegan en inferioridad numérica de 4 contra 1).

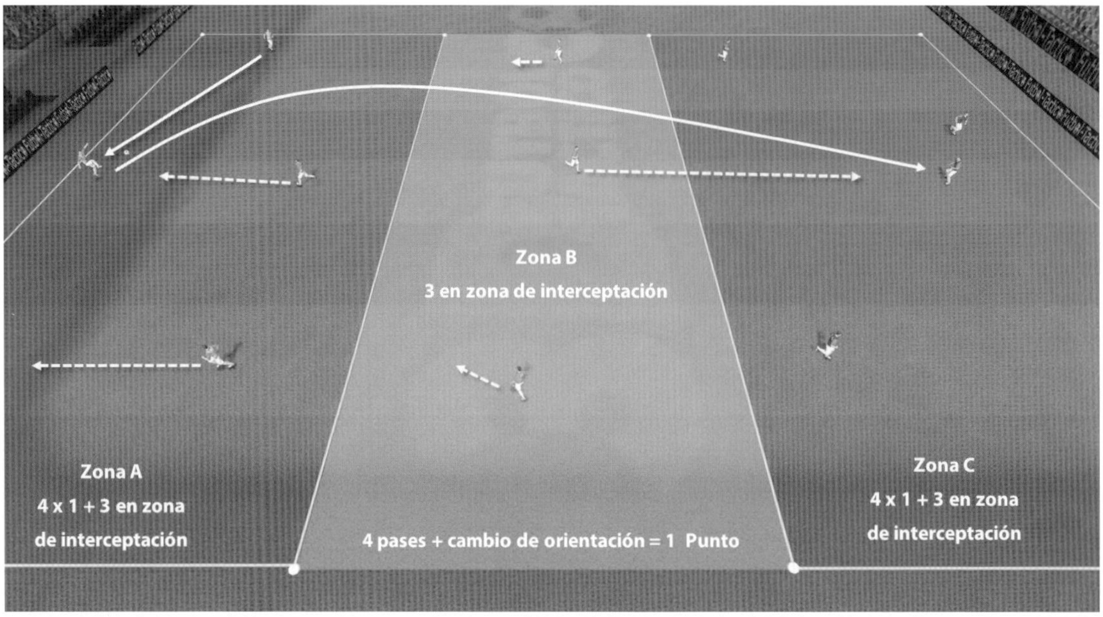

Disposición: Un espacio total de juego de 25 x 8 mts se divide en tres zonas: zona "A" y "C" de 10 x 8 y la zona "B" de 5 x 8 mts. Los dos grupos ofensivos se colocan en las zonas "A" y "C" y el grupo defensor se sitúa en la zona "B", excepto un jugador que se desplazará a la zona ofensiva en la que se encuentre el balón.

Fundamentos y principios tácticos defensivos:

- Mejora de las interceptaciones.
- Manifestar una organización defensiva zonal.
- Mejora de las basculaciones horizontales (jugadores que se encuentran en la zona de interceptación).
- Mejora del mantenimiento de las distancias laterales (grupo de jugadores que están en la zona de interceptación).
- Orientación del juego del rival hacia los laterales (jugador que se encuentra en una de las zonas ofensivas).
- Actuar con velocidad e intensidad defensiva.

Material: Conos para marcar el espacio de juego y sus divisiones interiores, petos para diferenciarse los tres grupos y balones suficientes.

Número máximo de toques: Todos los jugadores ofensivos jugarán con un máximo de dos toques.

Desarrollo: La tarea se inicia en la zona "A" en la que los atacantes juegan en superioridad numérica de cuatro contra uno. En esta zona los atacantes estarán obligados a efectuar un mínimo de cuatro pases para poder cambiar la orientación del juego hacia la otra zona ofensiva, sin que este pase sea interceptado por los defensores situados en la zona "B". En la zona "C" se seguirá la misma dinámica en el juego que la descripta en la zona "A". Cuando los defensores intercepten el balón alternarán sus funciones con el grupo al que se le interceptó el balón. Los atacantes por cada ciclo que completen (4 pases más 1 cambio de orientación) se anotarán un punto. El juego lo ganará el equipo que sume más puntos en el tiempo total del juego.

EJERCICIO 2: Ejercicio para la mejora de la recuperación del balón (los atacantes juegan en inferioridad numérica de 4 contra 2).

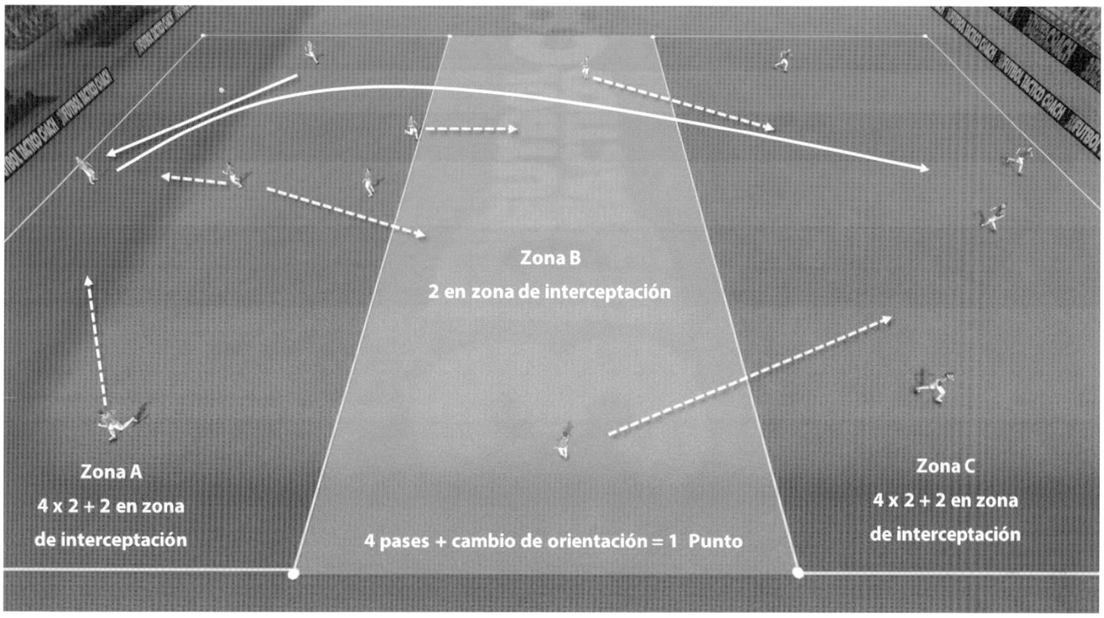

Disposición: Un espacio de juego total de 25 x 8 ms se divide en tres zonas: zonas "A" y "C" de 10 x 8 mts y la zona "B" de 5 x 8 mts. Los dos grupos ofensivos se colocan en las zonas "A" y "C" y el grupo defensor se sitúa en la zona "B", excepto dos jugadores que se desplazarán a la zona ofensiva en la que se encuentre el balón.

Fundamentos y principios tácticos defensivos:

- Manifestar una organización defensiva zonal.
- En ambas zonas aplicar el mayor número de interceptaciones.
- Mejora de las basculaciones horizontales de los jugadores que se encuentran en la zona de interceptación.
- Los jugadores que se encuentran en la zona ofensiva deberán limitar el espacio de juego y anular el mayor de número de líneas de pase al poseedor del balón.
- Los defensores que juegan en la zona en las zonas "A" y "C" orientarán la ofensiva del rival hacia las zonas con más posibilidades de éxito para la posterior interceptación.
- En ambas zonas ofensivas los defensores jugarán con velocidad e intensidad defensiva.

Material: Conos para limitar el espacio total del juego y las tres zonas, balones suficientes y petos para diferenciarse los tres grupos.
Número máximo de toques: Todos los jugadores jugarán con un máximo de dos toques.
Desarrollo: La tarea se inicia en la zona "A" en la que los atacantes juegan con una superioridad numérica de cuatro contra dos. Este grupo tendrá la obligación de jugar a dos toques como máximo, dar un mínimo de cuatro pases seguidos para estar en condiciones de cambiar la orientación del juego hacia la otra zona y tendrán la precaución de que los defensores situados en la zona "B" no intercepten el pase. Este pase no podrá realizarse con una altura superior a la de los defensores situados en la zona "B". Si los atacantes son capaces de trasladar el balón hacia la otra zona ofensiva, los defensores tendrán que desplazarse lo más rápidamente posible hacia dicha zona y continuar con la misma dinámica en el juego ya mencionada anteriormente. El grupo defensor, en todas las zonas intentará el mayor número de interceptaciones; para ello, aplicará los fundamentos y principios tácticos descriptos anteriormente. Cuando los defensores intercepten el balón alternarán sus funciones con el grupo al que se le interceptó el balón. Los atacantes por cada ciclo que completen se anotarán un punto. El juego lo ganará el equipo que sume más puntos en el tiempo total del juego.

EJERCICIO 3: Ejercicio para la mejora de la recuperación del balón (los defensores juegan en inferioridad numérica de 8 contra 4).

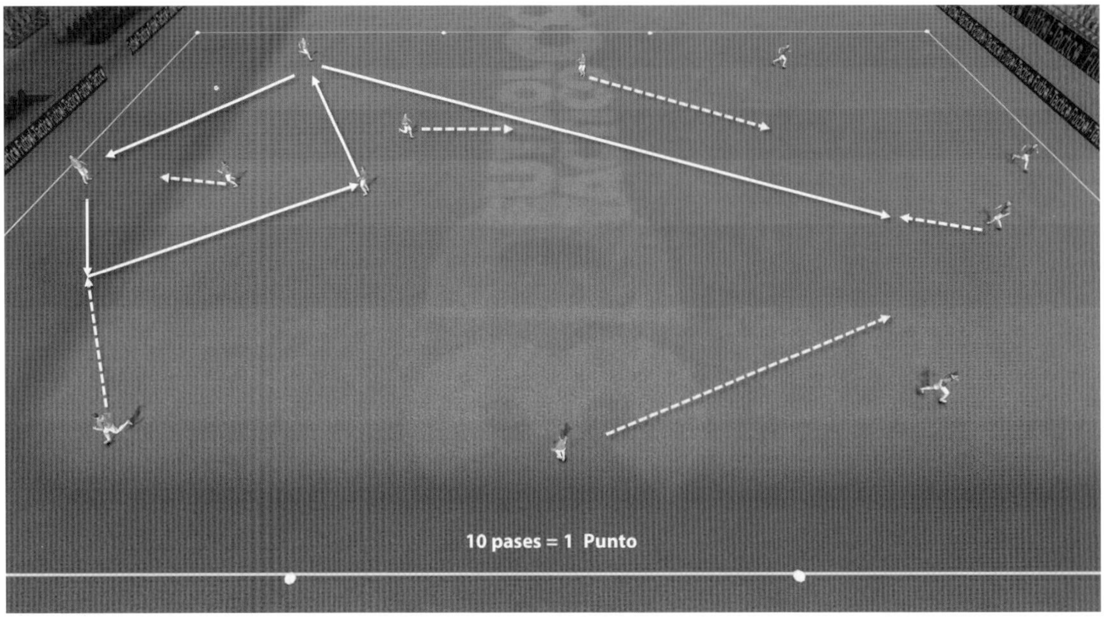

© 3D Fútbol Táctico Coach

Disposición: En un espacio de juego de 25 x 20 ms, se forman tres grupos de cuatro jugadores cada uno (dos ofensivos y uno defensivo).

Fundamentos y principios tácticos defensivos:

- Manifestar una organización defensiva zonal.
- Mejora en la eficacia de la realización de interceptaciones.
- Mejora de la presión colectiva al limitar el espacio de juego y el mayor número de líneas de pase posible al poseedor del balón.
- Actuar con velocidad defensiva (aprovechamiento de tiempo de desplazamiento del balón)
- Jugar intensidad defensiva.

Material: Conos para marcar el espacio de juego, balones suficientes y petos para diferenciarse los tres grupos.

Número máximo de toques: Dos toques por jugador.

Desarrollo: Los atacantes juegan en superioridad numérica de 8 contra 4 (dos grupos contra uno). Estos grupos deberán mantener la posesión del balón durante el mayor tiempo posible y se anotarán un punto por cada 10 pases logrados. Estos grupos jugarán con el condicionante de no poder dar más de dos toques al balón. El grupo defensor, aplicará los fundamentos y principios tácticos expuestos anteriormente, limitará el espacio de juego y el mayor número de líneas de pases posibles al poseedor del balón. Este grupo no podrá realizar entradas, solo podrá recuperar el balón mediante interceptaciones. Cuando logren interceptar el balón alternarán sus funciones con el grupo al que se le arrebató el balón.

EJERCICIO 4: Ejercicio para la mejora de la recuperación del balón (se juega en igualdad numérica de 4 contra 4).

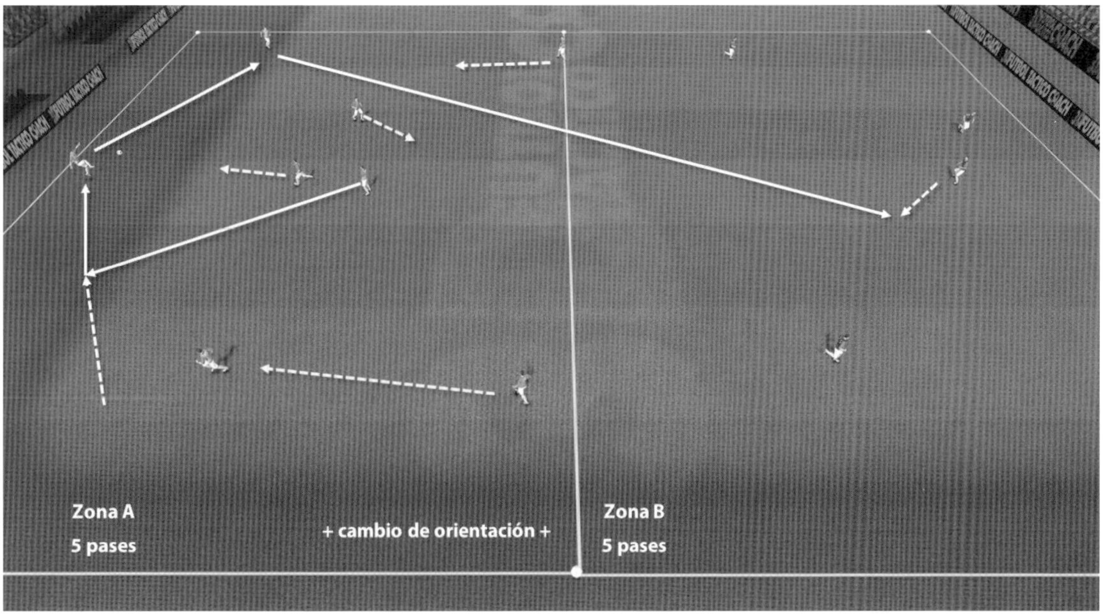

© 3D Fútbol Táctico Coach

Disposición: Un espacio de juego total de 50 x 25 ms, se divide en dos zonas exactamente iguales de 25 x 25 ms. Se enfrentan tres grupos de cuatro jugadores cada uno.

Fundamentos y principios tácticos defensivos:

- Mejora en la eficacia de las entradas e interceptaciones.
- Manifestar una organización defensiva zonal.
- Manifestar en todas las acciones de 1 contra el poseedor del balón más las ayudas permanentes defensivas (coberturas).
- Mejora de la presión colectiva, limitación el espacio de juego y anular el mayor número de líneas de pase al poseedor del balón.
- En ambas zonas ofensivas los defensores jugarán con velocidad e intensidad defensiva.

Material: Conos para limitar el espacio total del juego y las dos zonas, balones suficientes y petos para diferenciarse los tres grupos.

Número máximo de toques: Se jugará sin limitación de toques al balón.

Desarrollo: En ambas zonas se juega en igualdad numérica de 4 contra 4. El grupo atacante intentará mantener la posesión del balón y dar un mínimo de cinco pases para estar en condiciones de cambiar la orientación del juego hacia la otra zona. Estos grupos jugarán sin limitación de toques al balón. Cuando en las dos zonas se consigan los cinco pases los grupos atacantes se anotarán un punto. El grupo defensor aplicará los fundamentos y principios tácticos defensivos mencionados anteriormente, jugarán con velocidad e intensidad defensiva en ambas zonas, realizarán entradas (recuperación directa), las cuales tienen que estar apoyadas por coberturas e interceptaciones (recuperación indirecta). Este grupo cuando consiga recuperar el balón al adversario, alternará sus funciones con éste. La tarea la ganará el grupo que logre más puntos en el tiempo total de la tarea.

EJERCICIO 5: Ejercicio para la mejora de la recuperación del balón (se juega en igualdad numérica de 6 contra 6).

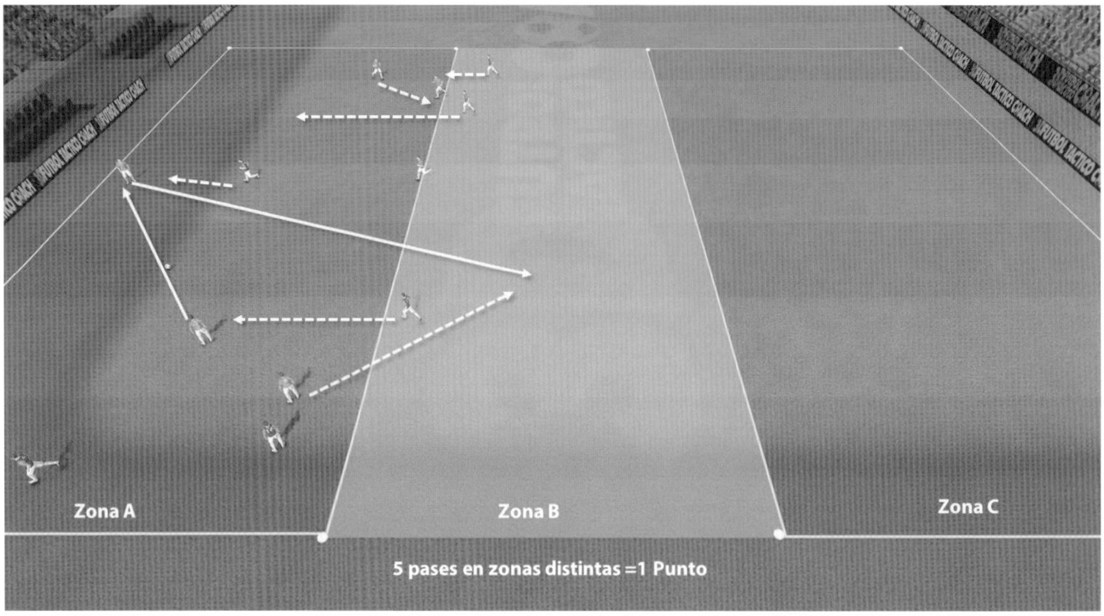

© 3D Fútbol Táctico Coach

Disposición: Se juega en un medio campo de fútbol 11, el cual se divide en tres partes exactamente iguales. Se enfrentan dos grupos de seis contra seis.

Fundamentos y principios tácticos defensivos:

- Mejora en la eficacia de las interceptaciones.
- Mejora en la eficacia de las entradas.
- Manifestar una organización defensiva zonal.
- Manifestar ayudas defensivas en todas las acciones de 1 contra el poseedor del balón.
- Mejora de la presión colectiva al limitar el espacio de juego y anular el mayor de número de líneas de pase al poseedor del balón.
- En todas las zonas los defensores manifestarán una adecuada velocidad e intensidad defensiva.

Material: Conos para limitar el espacio total del juego y las tres zonas, balones suficientes y petos para diferenciarse los dos grupos.

Número máximo de toques: Se jugará libre de toques al balón.

Desarrollo: En todas las zonas se juega en igualdad numérica de seis contra seis. La tarea se inicia en la zona "A", en la que el grupo atacante deberá dar un mínimo de cinco pases para poder llevar el balón a la zona "B" y así sucesivamente hasta completar el número de pases en la zona "C", momento en que el grupo atacante se anotará un punto. El grupo atacante jugará con libertad de toques al balón pero tendrá que dar un mínimo de cinco pases en cada zona para estar en condiciones de llevar el balón a la siguiente zona. Cuando en las tres zonas se consigan los cinco pases el grupo atacante se anotará un punto. El grupo defensor, aplicará los fundamentos y principios tácticos defensivos mencionados anteriormente. Para recuperar la posesión del balón se podrán realizar entradas (recuperación directa) e interceptaciones (recuperación indirecta). Este grupo cuando consiga recuperar el balón al adversario, alternará las funciones con éste y comenzará su fase ofensiva desde la zona "A". La tarea la ganará el grupo que logre más puntos en el tiempo total de la tarea.

EJERCICIO 6: Ejercicio para la mejora de la recuperación del balón (en base a ataques y defensas continuas, intentarán la recuperación del balón mediante entradas [recuperación directa]).

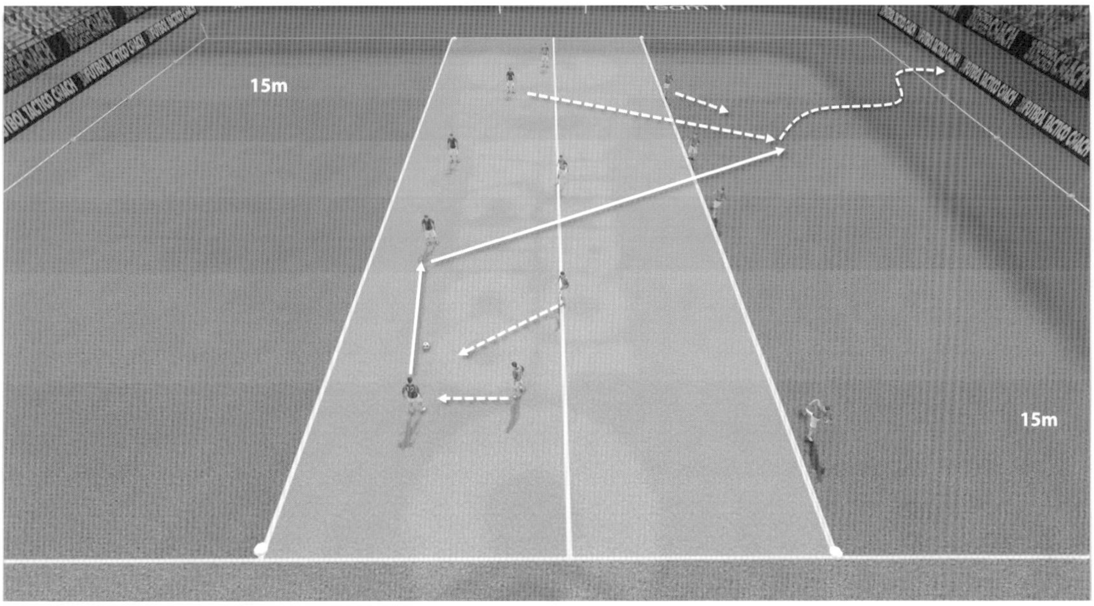

Disposición: En un espacio de juego de 60 x 30 mts, en el que se colocan tres porterías pequeñas (3 mts) en cada línea de fondo. Se enfrentan tres grupos de cuatro jugadores

Fundamentos y principios tácticos defensivos:

- Manifestar una organización defensiva zonal.
- Mejora en la eficacia de las entradas.
- Mejora del bloque compacto defensivo (distancias laterales entre compañeros).
- Mejora de las basculaciones horizontales y, si es necesario, verticales.
- Mejora de las coberturas (referencias organizativas).
- Mejora de las permutas (reorganización de la línea si fuese necesario).
- Mejora de la velocidad defensiva (aprovechamiento del tiempo de desplazamiento del balón) para manifestar el bloque compacto defensivo en la zona del balón.
- Jugar con intensidad defensiva.

Material: Conos para marcar el espacio de juego, el posicionamiento defensivo y las tres porterías situadas en cada línea de meta, balones suficientes y petos para distinguirse los tres grupos.

Número máximo de toques: No habrá limitación en el número de toques.

Desarrollo: La tarea se realiza en base a ataques y defensas continuas. El grupo ofensivo desarrollará ataques combinativos, en los que intentará progresar y lograr el gol mediante acciones de 1 contra 1. Los goles se lograrán entrando en conducción en una de las tres porterías. Los atacantes cada vez que reciben el balón deben intentar superar al defensor mediante desborde, en el caso de no ser capaz, pasará el balón sobre otro compañero que volverá a intentar la misma acción y así sucesivamente hasta poder penetrar la línea de defensas. El grupo defensor, aplicará los fundamentos y principios tácticos defensivos expuestos anteriormente, jugará con la velocidad defensiva suficiente para presentar el bloque compacto en la zona del balón e intentarán la recuperación del balón mediante entradas (recuperación directa), éstas deberán estar protegidas mediante coberturas. Cuando el grupo defensor recupere el balón se enfrentará al tercer grupo que lo está esperando en repliegue en el otro campo. La tarea la ganará el grupo que más goles haya logrado en el tiempo total de la tarea.

LA PRESIÓN COLECTIVA: Ejercicios para la mejora de su eficacia

La presión colectiva se puede definir como el fundamento táctico defensivo que persigue ante todo recuperar la posesión del balón en el mínimo tiempo (aplicación de intensidad defensiva) y con el menor esfuerzo posible (organización defensiva).

Por presión colectiva se entiende el acoso que se realiza sobre el contrario en posesión de balón (entradas o presencia muy próxima al poseedor del balón) y sobre los compañeros que lo apoyan (marcaje estrecho, limitación de líneas de pase y aplicación de entradas, interceptaciones o anticipaciones); todo ello, con el objetivo de arrebatarle o provocarle una precipitación e imprecisión en el juego al rival para hacer que pierda la posesión del balón.

Como se puede deducir se persigue una limitación espacio – temporal sobre el poseedor del balón con el fin de provocar precipitación en sus acciones y minimizar al rival el tiempo de análisis del juego (percepción y decisión) y, al mismo tiempo, limitar el espacio de juego a los compañeros que apoyan al poseedor del balón; para, de esta forma, reducir la capacidad de maniobra del equipo adversario.

Dentro de cualquier disposición defensiva organizada, el fundamento táctico defensivo de la presión es el que va a determinar el grado de eficacia defensiva en la recuperación del balón.

Por lo tanto, en la presión deben colaborar todos los componentes del equipo, unos con unas funciones y otros con otras.

EJERCICIO 1: Ejercicio para la mejora de la presión colectiva (Defensores en superioridad numérica).

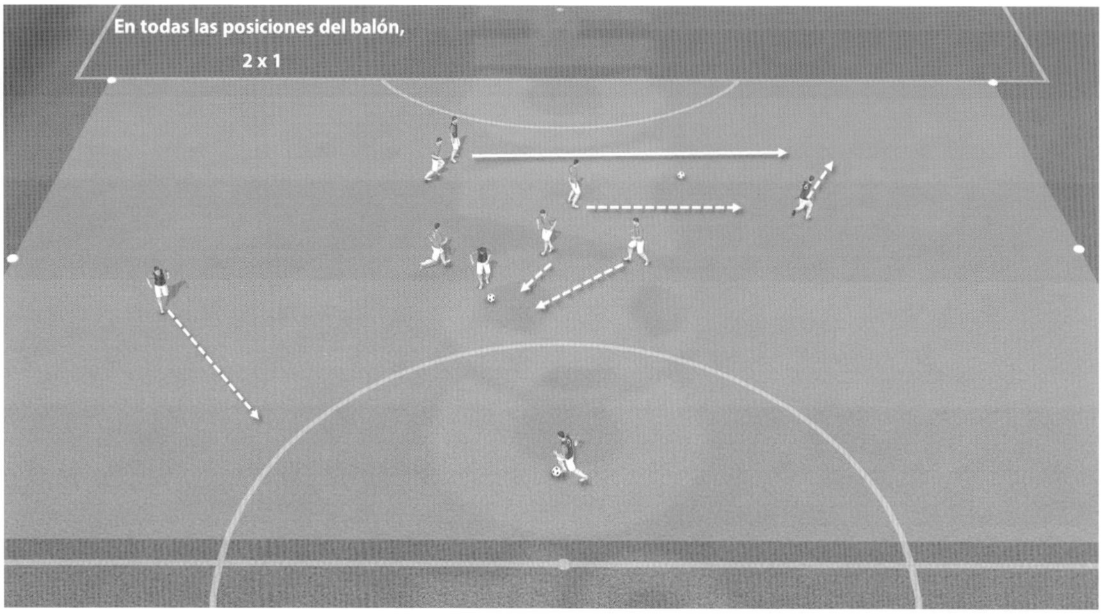

Disposición: En un espacio de juego de 40 x 40 mts, se enfrentan dos grupos de cinco jugadores más dos comodines defensivos, los cuales se cambiarán cada cierto tiempo.

Conceptos tácticos defensivos:

- Establecimiento de presión de dos contra el poseedor del balón en todas las zonas del balón.
- Crear superioridad numérica defensiva en la zona del balón.
- Limitación del máximo número de las líneas de pase.
- Crear densidad defensiva en la posición del balón.
- Reducir el espacio de juego horizontal y vertical.
- Reducir al rival el tiempo de análisis del juego.
- Orientación postural frente el poseedor del balón y del resto del grupo.
- Velocidad defensiva, aprovechando el tiempo de desplazamiento del balón, con el objetivo de establecer la presión de dos contra uno sobre el nuevo poseedor del balón y el resto del grupo modificar la posición en la zona en función de la posición del balón.
- Jugar con intensidad defensiva para recuperar la posesión del balón en el menor espacio de tiempo.

Material: Conos que marquen el espacio de juego. Balones suficientes. Petos para distinguirse los dos grupos y los comodines defensivos.

Desarrollo: El grupo atacante intentará mantener el máximo tiempo la posesión del balón, anotándose un punto por cada ocho pases realizados. El grupo defensor jugará en superioridad numérica debido a la presencia de los dos comodines defensivos, deberá establecer en cada posición del balón una presión de dos contra el poseedor del balón. Se reducirá el espacio de juego, en los sentidos horizontal y vertical, con el objetivo de crear una gran densidad defensiva, una superioridad numérica defensiva en el foco del ataque, limitar el mayor número de opciones de pase y actuar con una correcta velocidad e intensidad defensiva. La duración de la tarea estará en función de la programación que se haya realizado de la sesión del entrenamiento.

EJERCICIO 2: Ejercicio para la mejora de la presión colectiva (Defensores en presión 1 contra 1 respecto al poseedor del balón).

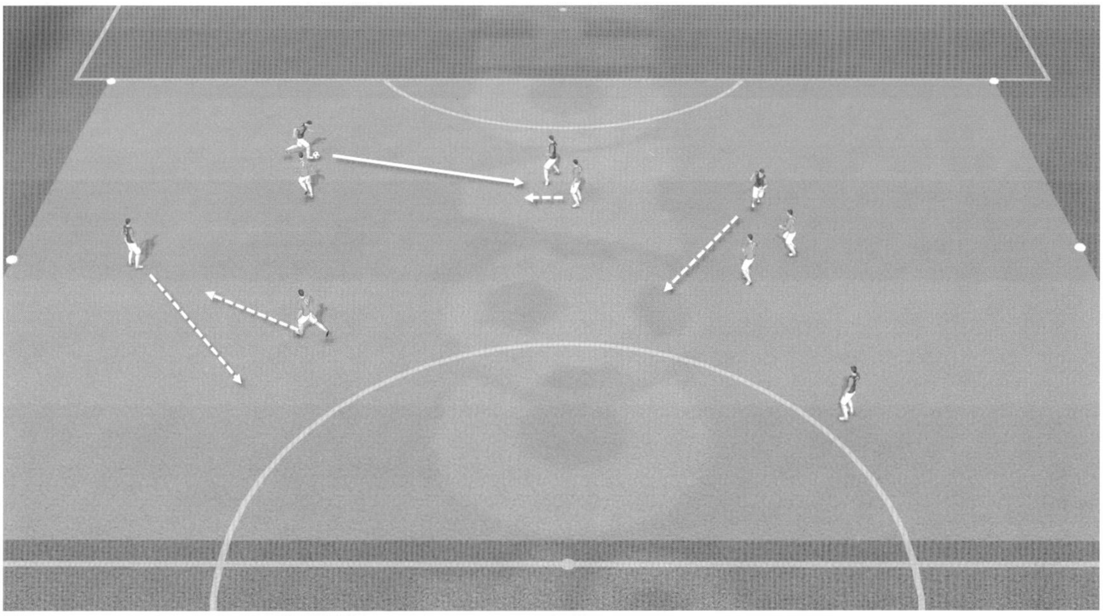

© 3D Fútbol Táctico Coach

Disposición: En un espacio de juego de 40 x 40 mts, se enfrentan dos grupos en igualdad numérica de seis jugadores.

Conceptos tácticos defensivos:

- Establecimiento de presión de uno contra el poseedor del balón en todas las posiciones del balón.
- Crear superioridad numérica defensiva en la zona del balón.
- Limitación del máximo número de las líneas de pase.
- Crear densidad defensiva en la posición del balón.
- Reducir el espacio de juego horizontal y vertical.
- Reducir al rival el tiempo de análisis del juego.
- Orientación postural frente el poseedor del balón y del resto del grupo.
- Velocidad defensiva, aprovechando el tiempo de desplazamiento del balón, con el objetivo de establecer la presión de uno contra uno sobre el nuevo poseedor del balón y el resto del grupo modificar la posición en la zona en función de la posición del balón.
- Manifestar una adecuada velocidad e intensidad defensiva.
- Material: Conos que marquen el espacio de juego, balones suficientes, petos para distinguirse los dos grupos.

Desarrollo: El grupo atacante intentará mantener el máximo tiempo la posesión del balón, anotándose un punto por cada ocho pases realizados. El grupo defensor deberá establecer en cada posición del balón una presión de uno contra el poseedor del balón. Para todo ello, se reducirá el espacio de juego, en los sentidos horizontal y vertical, con el objetivo de crear una gran densidad defensiva, una superioridad numérica defensiva y una limitación de las opciones de pases al poseedor del balón. Se jugará con una gran intensidad defensiva para recuperar la posesión del balón en el menor tiempo posible. La duración de la tarea estará supeditada al desarrollo de la programación de la sesión de entrenamiento.

EJERCICIO 3: Ejercicio para la mejora de la presión colectiva (Grupo defensor en inferioridad numérica 4 contra 3).

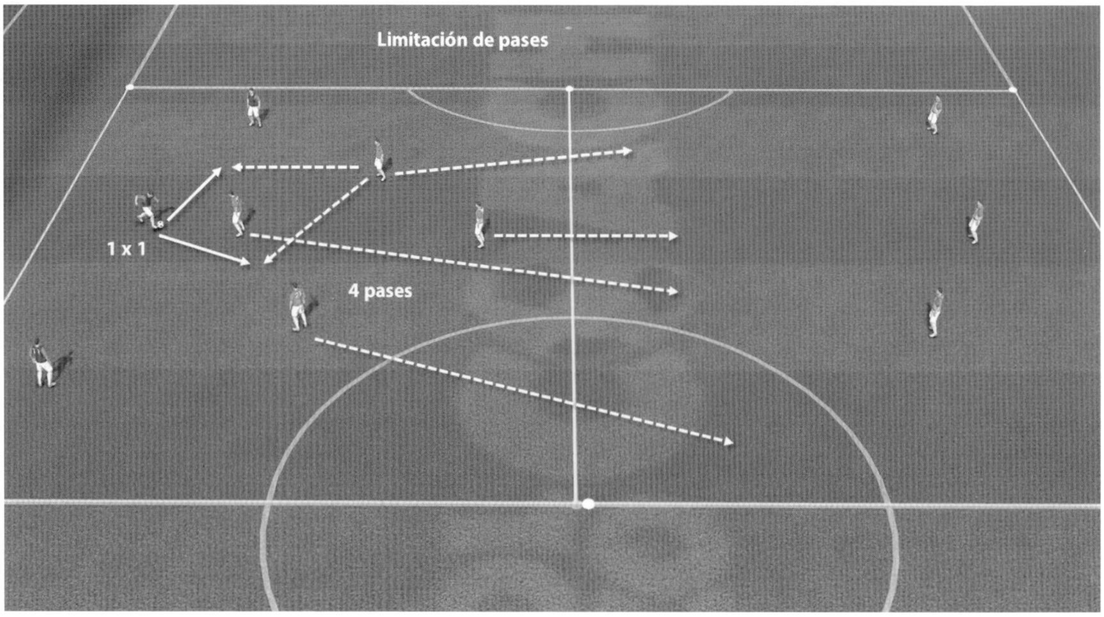

Disposición: Un terreno de juego total de 40 x 20 mts se divide en dos zonas iguales, se forman tres equipos de tres jugadores cada uno más un comodín ofensivo.

Conceptos tácticos defensivos:

- Establecimiento de presión de uno contra el poseedor del balón.
- Orientación postural del defensor frente al poseedor del balón y del resto del grupo.
- Actuar con velocidad e intensidad defensiva.
- Presión sobre los jugadores que apoyan al poseedor del balón.
- Reducir al adversario el tiempo de análisis del juego.
- Limitación de las posibles opciones de pase del poseedor del balón.
- Velocidad defensiva, aprovechando el tiempo de desplazamiento del balón para restablecer la nueva situación de uno contra uno y el nuevo reparto del espacio defensivo.
- Jugar con intensidad defensiva para recuperar el balón en el menor tiempo posible.

Material: Conos que limiten el espacio de juego y las divisiones del mismo. Petos para diferenciarse los grupos y el comodín ofensivo. Balones suficientes.

Desarrollo: El grupo atacante jugará en superioridad numérica de cuatro contra tres en cada zona, intentará mantener la posesión del balón, tendrá que dar un mínimo de cuatro pases para cambiar la orientación del juego hacia la otra zona, en la que se continuará con la misma dinámica ofensiva. Para todo ello, los jugadores ofensivos no tendrán limitación en el número de toques al balón. El grupo defensor intentará recuperar el balón en el menor tiempo posible (factor fundamental en el desarrollo de la presión para ser eficaz). Para ello, se aplicarán los conceptos tácticos defensivos mencionados anteriormente. En el caso de que los atacantes logren salir de la presión en una zona, los defensores aprovecharán el tiempo de desplazamiento del balón y restablecerán la misma dinámica defensiva que en la zona anterior. Cuando el grupo defensor recupere el balón cambiará sus funciones con el grupo al que se le arrebató o se le hizo perder la posesión del mismo. El grupo ganador será el que menos fases defensivas realice en el tiempo total del juego.

EJERCICIO 4: Ejercicio para la mejora de la presión colectiva (Grupo defensor debe aplicar la presión de uno contra uno sobre el nuevo poseedor del balón).

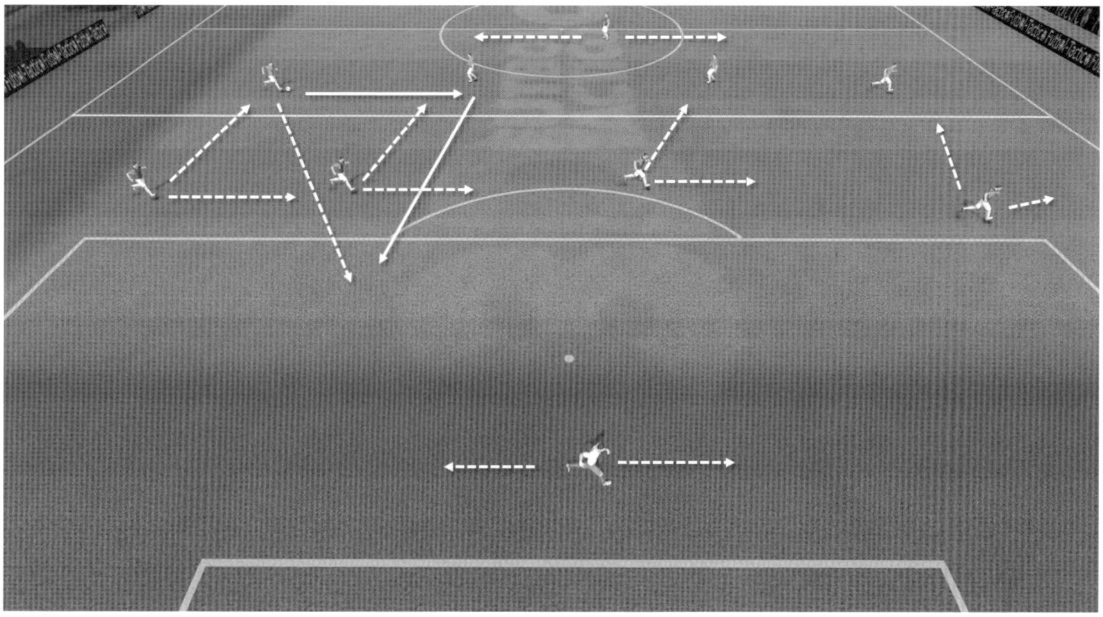

© 3D Fútbol Táctico Coach

Disposición: En un terreno de juego de 25 x 40 mts, se enfrentan dos grupos de cinco jugadores, los cuales se colocan como se ve en el gráfico.

Conceptos tácticos defensivos:

- Establecimiento de presión de uno contra el poseedor del balón en todas las posiciones del balón.
- Orientación postural frente el poseedor del balón y del resto del grupo. Esta orientación postural será la que mayor percepción del balón, el espacio, los adversarios y los compañeros.
- Basculaciones horizontales.
- Reducción del espacio horizontal.
- Reducir al rival el tiempo de análisis del juego.
- Mantenimiento y modificación de las distancias laterales.
- Coberturas simples (zonas exteriores) y dobles (zonas interiores).
- Formación de la línea a partir de la/s cobertura/s. (referencia organizativa).
- Velocidad defensiva, aprovechando el tiempo de desplazamiento del balón con el objetivo de establecer la presión de uno contra uno sobre el nuevo poseedor del balón y el resto del grupo modificar la posición en la zona en función de la posición del balón.
- Jugar con intensidad defensiva.

Material: Conos que marquen el espacio de juego y los posicionamientos defensivos. Balones suficientes. Petos para distinguirse los dos grupos.

Desarrollo: El grupo atacante jugará con amplitud ofensiva, circulará el balón de un pasillo lateral al otro mediante cambios de orientación, controles y pases cortos y medios (tiempo que deben aprovechar el grupo defensor para restablecer la presión de uno contra uno sobre el nuevo poseedor del balón). Los atacantes, cuando se les presente la ocasión realizarán un pase vertical sobre el jugador colocado sobre la línea de fondo, anotándose, con ello, un punto. El grupo defensor deberá establecer en cada posición del balón una presión de uno contra el poseedor del balón y organizar la línea de defensores aplicando los conceptos tácticos defensivos mencionados anteriormente. Cuando éstos logren recuperar el balón, o bien, los atacantes lleven el balón sobre el compañero colocado en la línea de fondo, las funciones de los grupos se alternarán entre sí. Ganará el grupo que más veces logre realizar.

EJERCICIO 5: Ejercicio para la mejora de la presión colectiva (En esta tarea se prestará gran importancia a la reducción del espacio vertical cada vez que se produzca un pase hacia atrás, estableciendo, de esta forma, un nuevo posicionamiento defensivo).

© 3D Fútbol Táctico Coach

Disposición: En un terreno de juego de 60 x 45 mts se enfrentan dos grupos de cuatro jugadores más dos comodines ofensivos (puntas). Los defensores se situarán en una línea de cuatro jugadores y los atacantes en un sistema de 4 - 2 más un portero por grupo.

Conceptos tácticos defensivos:

- Establecimiento de presión de uno contra el poseedor del balón.
- Orientación postural frente al poseedor del balón y del resto del grupo.
- Basculaciones horizontales y verticales, con el fin de establecer en todas las posiciones del balón el bloque compacto y permanente.
- Orientación corporal del grupo en función de la posición del balón.
- Mantenimiento y modificación de las distancias laterales.
- Reducción del espacio vertical cuando se produzca cualquier regresión en el juego (pase hacia atrás).
- Coberturas simples y dobles, sin exceder la profundidad de la cobertura de 4 mts.
- Formación de la línea a partir de la/s cobertura/s.
- Jugar con velocidad e intensidad defensiva.

Material: Dos porterías reglamentarias, conos que marquen el espacio de juego, el posicionamiento inicial y otra línea a 15 mts por delante de la anterior. Balones suficientes. Petos para diferenciarse los grupos y los comodines.

Desarrollo: El grupo atacante desarrollará ataques combinativos, jugará con amplitud y con continuos cambios de orientación e intentará progresar y finalizar los ataques mediante acciones individuales y, sobre todo, colectivas.
El grupo defensor tendrá fijado su posicionamiento inicial y aplicará todos los conceptos tácticos defensivos mencionados anteriormente para establecer la presión de uno contra el poseedor del balón y la organización defensiva zonal del grupo. En esta tarea se prestará gran importancia a la reducción del espacio vertical cada vez que se produzca un pase hacia atrás, estableciendo, de esta forma, un nuevo posicionamiento defensivo. Además de las formas tradicionales de recuperación del balón, éste, también se

recuperará si la línea de defensas es capaz de organizarse defensivamente en la segunda línea marcada. Una vez recuperado el balón, los grupos alternarán sus funciones. La duración de la tarea se establecerá de acuerdo con la programación de la sesión de entrenamiento que se haya realizado.

EJERCICIO 6: Ejercicio para la mejora de la presión colectiva (En esta tarea prestaremos especial atención a impedir la progresión en el juego, a la presión de uno contra el poseedor del balón (evitar ser desbordados), a la reducción del espacio horizontal lo que establecerá las zonas activas y pasivas defensivas, a la creación de superioridad numérica defensiva en el foco del ataque y a limitar todas las posibles opciones de pase al poseedor del balón.).

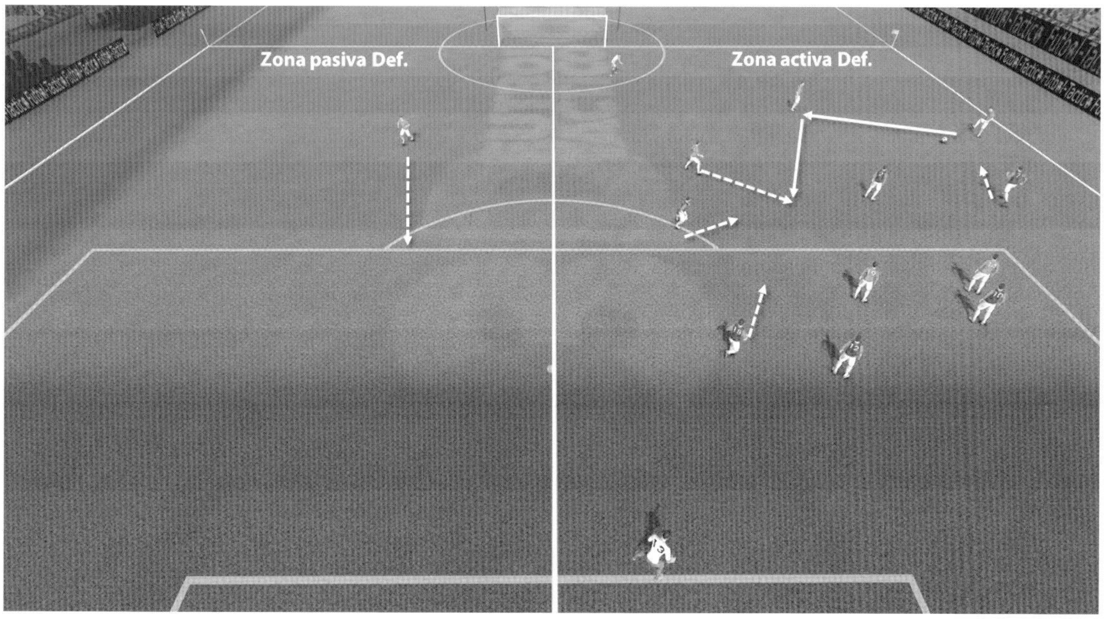

© 3D Fútbol Táctico Coach

Disposición: En un campo de 60 x 40 mts juegan dos equipos de seis jugadores en un sistema de juego de 3 - 3.

Conceptos tácticos defensivos:

- Establecimiento de presión de uno contra el poseedor del balón.
- Orientación postural frente al poseedor del balón y del resto del grupo.
- Basculaciones horizontales y verticales.
- Creación de superioridad numérica en la zona del balón.
- Establecer una gran densidad defensiva en el foco del ataque.
- Mantenimiento y modificación de las distancias laterales y verticales.
- Coberturas simples y dobles en cada posición del balón.
- Reducción del tiempo de análisis del juego al poseedor del balón.
- Reducción del espacio de juego horizontal (zonas activas y pasivas defensivas).
- Limitación de las opciones de pase que impliquen progresión en el ataque del adversario.
- Velocidad defensiva, aprovechando el tiempo de desplazamiento del balón.
- Jugar con intensidad defensiva.

Material: Dos porterías reglamentarias, conos que limiten el campo, petos para diferenciarse los grupos y suficientes balones.

Desarrollo: El grupo atacante desarrollará ataques combinativos con posesiones de balón largas, jugará con amplitud y con continuos cambios de orientación, la progresión y finalización se producirá mediante acciones individuales y, sobre todo, colectivas. El grupo defensor intentará cumplir con todos los conceptos tácticos expuestos anteriormente. En esta tarea no pretenderemos que la recuperación del balón sea inmediata, sino presentar una organización defensiva zonal y de presión colectiva que nos permita asentar bases para que la recuperación del balón se produzca más por calidad que por el esfuerzo a realizar. En esta tarea prestaremos especial atención a impedir la progresión en el juego, a la presión de uno contra el poseedor del balón (evitar ser desbordados), a la reducción del espacio horizontal lo que establecerá las zonas activas y pasivas defensivas, a la creación de superioridad numérica defensiva en el foco del ataque y a limitar todas las posibles opciones de pase al poseedor del balón.
Por lo tanto, la recuperación del balón se produce más por interceptaciones, por imprecisiones en el juego del rival que por entradas.
Una vez recuperado el balón se desarrollará contraataque o ataque según la desorganización del adversario.

LA PROVOCACIÓN DEL FUERA DE JUEGO DESDE DEFENSA ZONAL:
Ejercicios para la mejora de su eficacia

1. NEUTRALIZACIÓN DE ATAQUES COMBINATIVOS

El fuera de juego no puede considerarse como un principio táctico defensivo, sino como una maniobra táctica defensiva opcional, en la que se puede aprovechar un equipo para neutralizar la ofensiva del adversario y recuperar la posesión del balón.

El fuera de juego se puede analizar desde dos aspectos diferentes:

- Aspecto reglamentario.
- Aspecto táctico.

Estos dos aspectos se pueden analizar por separado pero a la vez tienen que estar muy unidos. Por lo tanto, lo primero que debemos dominar es el aspecto reglamentario, no se puede concebir poder desarrollar el fuera de juego sin que los jugadores dominen la regla de fuera de juego. Una vez teniendo claro el aspecto reglamentario, nos introduciremos en la parte práctica de una forma progresiva hasta desarrollarlo de la forma más próxima a la realidad del juego, es decir, al partido.

Reducción del espacio vertical y coordinación entre el portero y la línea de defensas al adelantar la línea.

EJERCICIO 1: Ejercicio para la mejora de la provocación del fuera de juego (El grupo atacante, que jugará en superioridad numérica de 5 contra 4).

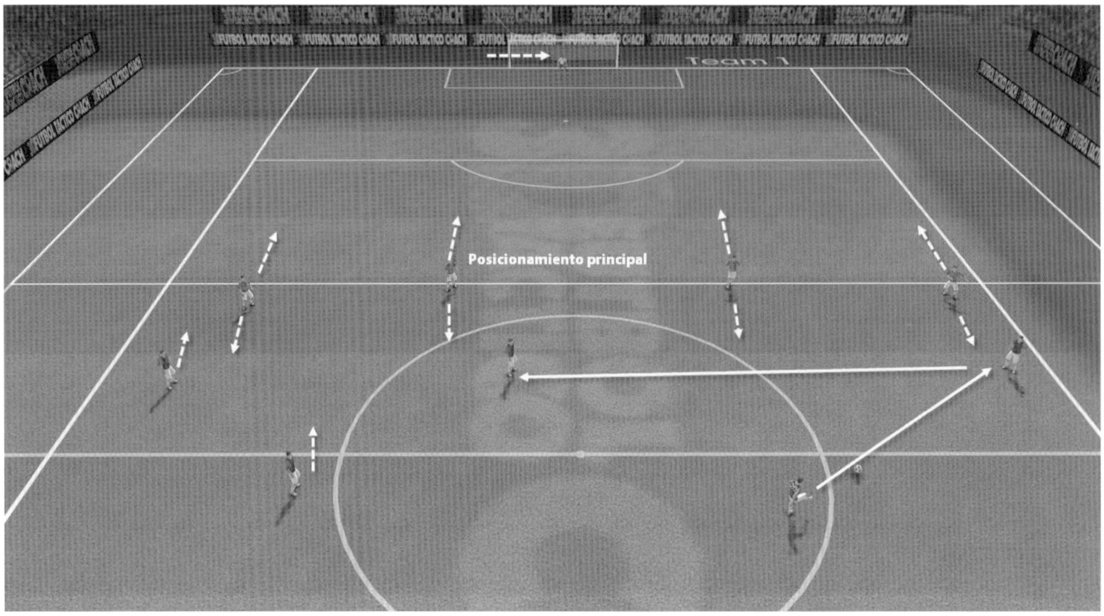

Disposición: En una mitad de campo en la que acortaremos su anchura hasta obtener unas dimensiones de 50 x 50 mts, se forman dos grupos de cuatro jugadores más un comodín ofensivo y un portero.

Conceptos tácticos defensivos:

- Se establecerá un posicionamiento defensivo principal.
- Se establecerá una organización defensiva zonal en la que las principales referencias sean el balón, el espacio, la posición de los compañeros y los adversarios; para ello:

1. Se jugará en un bloque compacto (distancias laterales).
2. Se realizarán basculaciones horizontales y verticales en las que se procurará no perder las distancias laterales.
3. Como consecuencia de los puntos anteriores, se formarán zonas activas (zona del balón y sus proximidades) y pasivas (zonas alejadas del balón) defensivas, sobre éstas últimas se deberán realizar vigilancias defensivas.

- El grupo mantendrá, en todo momento, una correcta orientación postural que le permita a los defensores mantener una adecuada visión del balón, el espacio, la situación de los compañeros y, por supuesto, de los contrarios.
- Se establecerán coberturas simples en zonas exteriores y dobles en zonas interiores.
- La línea se formará a partir de la/s cobertura/s (referencia organizativa).
- La línea de defensas reducirá el espacio vertical en el momento que los atacantes jueguen el balón hacia atrás y, como consecuencia, dejará a los jugadores ofensivos más adelantados en posición de fuera de juego.
- Se realizarán repliegues colectivos para recuperar el posicionamiento principal.
- Se actuará con velocidad defensiva para llegar organizadamente a todas las posiciones del balón.

Desarrollo: La tarea se desarrollará mediante acciones conjuntas sin continuidad y con finalización. El grupo atacante, que jugará en superioridad numérica de 5 contra 4, desarrollará ataques combinativos sin imponerles ningún condicionante e intentarán finalizar los ataques mediante acciones libres individuales o colectivas. El grupo defensor, intentará neutralizar todas las acciones ofensivas y evitar la progresión hacia la portería.
En un principio, se colocará en el posicionamiento fijado de antemano (posicionamiento principal), para, posteriormente, variarlo en función de la posición del balón; para ello, replegará el grupo si los atacantes obtienen progresión en el juego y reducirán el espacio vertical cuando se produzca un pase hacia atrás o cualquier acción que haga evolucionar el balón hacia atrás, dejando a los jugadores más adelantados por detrás de ellos y, por lo tanto, en posición de fuera de juego. Los grupos alternarán sus funciones cuando los defensores logren dos recuperaciones del balón o se lo hagan perder a los atacantes.

EJERCICIO 2: Ejercicio para la mejora de la provocación del fuera de juego (el grupo de defensor deberá reducir el espacio vertical, dejando en posición de fuera de juego a los rivales más adelantados y colocarse en un posicionamiento más adelantado y así hasta hacer jugar al grupo atacante en la mitad de campo).

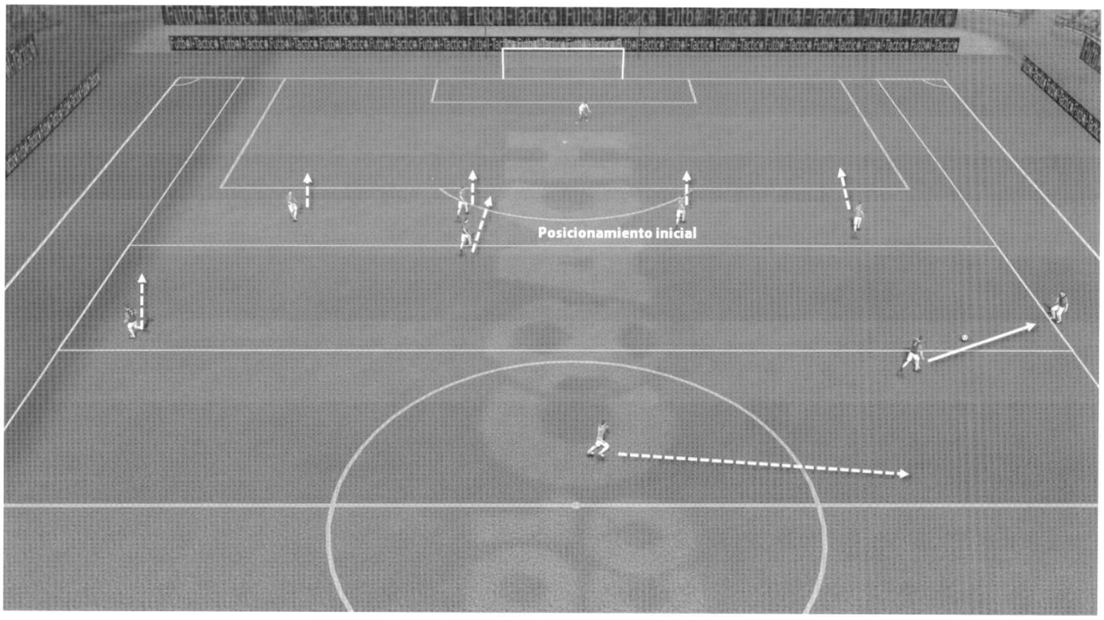

© 3D Fútbol Táctico Coach

Disposición: Los grupos se dispondrán de la misma forma que en la tarea anterior.

Conceptos tácticos defensivos:

- Se fijará un posicionamiento defensivo inicial.
- Se jugará con una organización defensiva zonal en la que las principales referencias sean el balón, el espacio, la posición de los compañeros y los adversarios; para todo ello:

1. Se jugará en un bloque defensivo compacto (distancias laterales).
2. Se realizarán basculaciones horizontales y verticales en las que se procurará no perder las distancias laterales.
3. Como consecuencia de los puntos anteriores, se formarán zonas activas (zona del balón y sus proximidades) y pasivas (zonas alejadas del balón) defensivas, sobre éstas últimas se deberán realizar vigilancias defensivas.

- El grupo mantendrá, en todo momento, una correcta orientación postural.
- Se establecerán coberturas simples en zonas exteriores y dobles en zonas interiores.
- La línea se formará a partir de la/s cobertura/s (referencia organizativa).
- La línea de defensas reducirá el espacio vertical en el momento que los atacantes jueguen el balón hacia atrás y, como consecuencia, dejará a los jugadores ofensivos más adelantados en posición de fuera de juego.
- Se actuará con velocidad defensiva para llegar organizadamente a todas las posiciones del balón.

Desarrollo: La tarea se desarrollará mediante acciones conjuntas sin continuidad y con finalización. El grupo atacante realizará ataques combinativos e intentará progresar y finalizar los ataques en gol. El grupo defensor aplicará los conceptos tácticos mencionados anteriormente e impedirá la progresión del adversario hacia nuestra portería.

En un principio, se situará en el posicionamiento defensivo inicial para, posteriormente, ir modificándolo en función de la posición vertical del balón. Ante cualquier progresión del rival hacia nuestra portería se realizarán repliegues colectivos pero cada vez que el contrario juegue el balón hacia atrás, el grupo de defensor deberá reducir el espacio vertical, dejando en posición de fuera de juego a los rivales más adelantados y colocarse en un posicionamiento más adelantado y así hasta hacer jugar al grupo atacante en la mitad de campo.

Los defensores tendrán tres formas de recuperar la posesión del balón: arrebatándole el balón al rival, haciéndole perder el balón (fuera de juego, saque de banda, etc.) y cuando los defensores sean capaces de posicionarse a dos metros de la línea de medio campo.

EJERCICIO 3: Ejercicio para la mejora de la provocación del fuera de juego (el grupo de defensor se situará en el posicionamiento marcado inicialmente [repliegue] para, posteriormente, ir modificándolo en función de la posición vertical del balón).

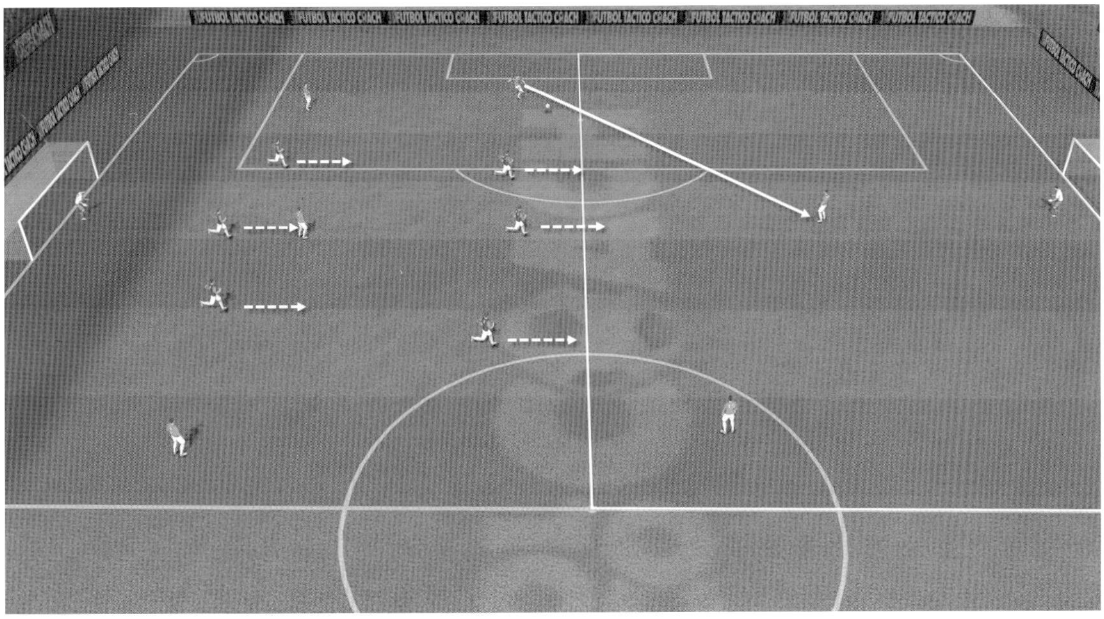

© 3D Fútbol Táctico Coach

Disposición: En un espacio de juego de 60 x 40 mts, se enfrentan dos grupos de seis jugadores más dos porteros en un sistema de juego de 3 - 3.

Conceptos tácticos defensivos:

- Se fijará un posicionamiento defensivo inicial.
- Se jugará con una organización defensiva zonal en la que las principales referencias sean el balón, el espacio, la posición de los compañeros y los adversarios; para todo ello:

1. Se jugará en un bloque defensivo compacto (distancias laterales y verticales).
2. Se realizarán basculaciones horizontales y verticales en las que se procurará no perder las distancias laterales y verticales entre ambas líneas.
3. Como consecuencia de los puntos anteriores, se formarán zonas activas (zona del balón y sus proximidades) y pasivas (zonas alejadas del balón) defensivas, sobre éstas últimas se deberán realizar vigilancias defensivas.

- El grupo mantendrá, en todo momento, una correcta orientación postural.
- Se establecerán coberturas simples en zonas exteriores y dobles en zonas interiores.
- Las líneas se formarán a partir de la/s cobertura/s (referencia organizativa).
- Ambas líneas reducirán el espacio vertical en el momento que los atacantes jueguen el balón hacia atrás y, como consecuencia, se dejará a los jugadores ofensivos más adelantados en posición de fuera de juego.
- Se actuará con velocidad defensiva para llegar organizadamente a todas las posiciones del balón.

Desarrollo: La tarea se desarrollará mediante acciones conjuntas con continuidad y finalización. El grupo atacante realizará ataques combinativos e intentará progresar por las zonas más desprotegidas (zonas pasivas defensivas) y finalizar los ataques en gol. El grupo defensor aplicará los conceptos tácticos mencionados anteriormente e impedirá la progresión del adversario hacia nuestra portería.

En un principio, se situará en el posicionamiento marcado inicialmente (repliegue) para, posteriormente, ir modificándolo en función de la posición vertical del balón. Ante cualquier progresión del rival hacia nuestra portería se realizarán repliegues colectivos pero cada vez que el contrario juegue el balón hacia atrás, el grupo de defensor deberá reducir el espacio vertical, dejando en posición de fuera de juego a los rivales más adelantados (fuera de juego realizado de forma indirecta) y colocarse en el posicionamiento defensivo más adelantado posible, intentando que el rival juegue muy próximo a su campo y así hasta hacer jugar al grupo atacante en su mitad de campo.

EJERCICIO 4: Ejercicio para la mejora de la provocación del fuera de juego (El grupo defensor se posicionará en repliegue o en intermedio intentará neutralizar la ofensiva del rival).

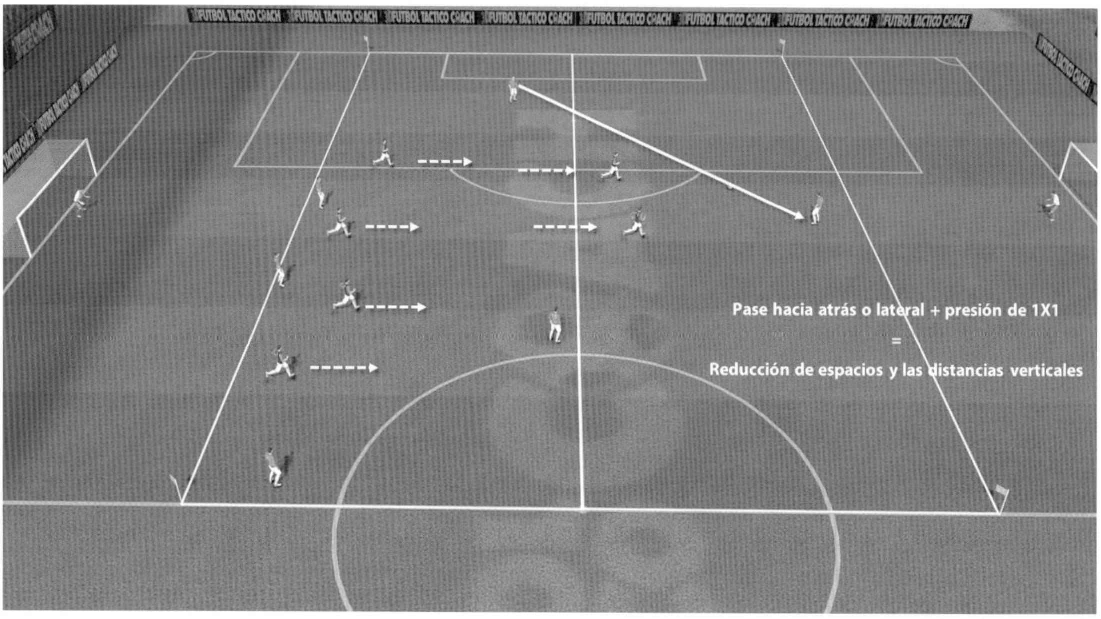

© 3D Fútbol Táctico Coach

Disposición: En un terreno de juego de 60 x 50 mts se forman dos grupos de 6 jugadores más un portero en un sistema de juego de 4 - 2.

Conceptos tácticos defensivos:

- Se fijará un posicionamiento defensivo principal en repliegue o en intermedio.
- Se establecerá una defensa zonal en la que las principales referencias sean el balón, el espacio, la posición de los compañeros y los adversarios, para todo ello:

1. Se jugará en un bloque defensivo compacto (distancias laterales y verticales).
2. Se realizarán basculaciones horizontales y verticales en las que se procurará no perder las distancias laterales y verticales del colectivo.
3. Se formarán zonas activas (zona del balón y sus proximidades) y pasivas (zonas alejadas del balón) defensivas, sobre éstas últimas se deberán realizar vigilancias defensivas.

- El colectivo mantendrá, en todo momento, una correcta orientación postural.
- Se realizarán coberturas simples y dobles en la misma línea y entre líneas.
- Se realizarán repliegues colectivos para recuperar el posicionamiento principal.
- Se actuará con velocidad defensiva para llegar organizadamente a todas las posiciones del balón.
- Se creará superioridad numérica y una gran densidad defensiva en el foco del ataque.

Desarrollo: La tarea se desarrollará mediante acciones conjuntas con continuidad y finalización. El grupo atacante desarrollará ataques combinativos, con los que buscará progresar por las zonas pasivas defensivas y, con ello, dar finalización al ataque. El grupo defensor se posicionará en repliegue o en intermedio intentará neutralizar la ofensiva del rival, aplicará los conceptos tácticos expresados anteriormente y siempre que el grupo esté debidamente organizado y llegue en el momento adecuado para establecer una presión de 1 contra el poseedor del balón, los defensores reducirán el espacio vertical y las distancias verticales entre líneas en los siguientes casos:

- Cuando se produzca un pase hacia atrás en cualquier zona.
- Cuando exista un pase lateral en el carril central.

En ambos casos la reducción de las distancias verticales entre líneas para dejar en fuera de juego a los contrarios más adelantados, deberá durar muy poco, de tal forma que el rival no pueda sorprendernos la acción de fuera de juego que realizamos. Generalmente cuando el rival sea capaz de efectuar un pase hacia otra zona, replegaremos nuevamente al posicionamiento principal.

EJERCICIO 5: Ejercicio para la mejora de la provocación del fuera de juego (El grupo defensor en caso de que encuentre el balón en los pasillos laterales, se realizará presión colectiva y fuera de juego de forma directa (reducción del espacio vertical y reducción de las distancias verticales entre líneas).

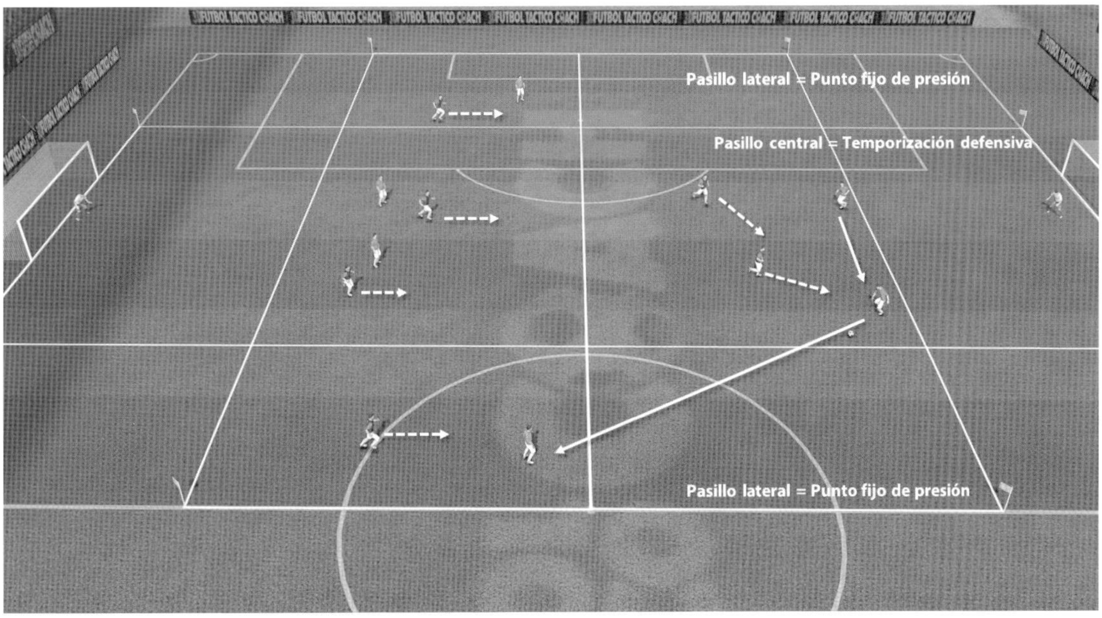

Disposición: En un terreno de juego de 60 x 45 mts, se forman dos grupos de 6 jugadores más un portero en un sistema de juego de 3 - 3.

Conceptos tácticos defensivos:

- Se establecerá un posicionamiento defensivo principal en replegado o en intermedio.
- Se jugará con una organización defensiva zonal en la que las principales referencias sean el balón, el espacio, la posición de los compañeros y los adversarios; para todo ello:

1. Se jugará en un bloque compacto (distancias laterales y verticales estrechas).
2. Se realizarán basculaciones horizontales y verticales en las que se procurará no perder las distancias laterales y verticales.
3. Como consecuencia de los puntos anteriores, se formarán zonas activas y pasivas defensivas, sobre éstas últimas se deberán realizar vigilancias defensivas.

- El grupo mantendrá, en todo momento, una adecuada orientación postural.
- Se realizarán coberturas simples y dobles en la misma línea y entre líneas.
- Se realizará presión colectiva.
- La línea de defensas reducirá el espacio vertical entre líneas cuando se produzcan pases hacia atrás, laterales y cuando un medio centro reciba el balón de espalda a nuestra portería
- Se realizarán repliegues colectivos para recuperar el posicionamiento principal.
- El medio de banda más alejado del foco del ataque efectuará repliegues individuales como medida compensatoria.
- Se aprovechará el tiempo de desplazamiento del balón para llegar organizadamente a todas las posiciones del balón.
- Se creará superioridad numérica y una gran densidad defensiva en el foco del ataque.

Desarrollo: La tarea se desarrollará mediante acciones conjuntas con continuidad y finalización. El grupo atacante desarrollará ataques combinativos con los que intentará progresar y finalizar los ataques en gol. El grupo defensor aplicará los conceptos tácticos mencionados anteriormente, intentará neutralizar toda progresión en el ataque hacia nuestra portería.

Este grupo cuando se den algunas de las circunstancias en el juego de las mencionadas en las dos tareas anteriores y se encuentre el balón en los pasillos laterales, se realizará presión colectiva y fuera de juego de forma directa (reducción del espacio vertical y reducción de las distancias verticales entre líneas). En el pasillo central el grupo realizará temporizaciones defensivas y orientará el ataque del rival hacia los pasillos laterales.

En el caso de que el grupo atacante logre salir de la situación defensiva que se les planteo, los defensores replegarán hasta un posicionamiento más retrasado, en ese posicionamiento se seguirá trabajando con la misma dinámica defensiva y a la mínima oportunidad se recuperará el posicionamiento defensivo perdido anteriormente.

EJERCICIO 6: Ejercicio para la mejora de la provocación del fuera de juego (El grupo defensor realizará presión colectiva en el pasillo central (punto fijo de presión) y, al mismo tiempo, la línea de defensas adelantará la línea y reducirá las distancias verticales con la línea superior (fuera de juego de forma directa), en todas las acciones concretas del juego).

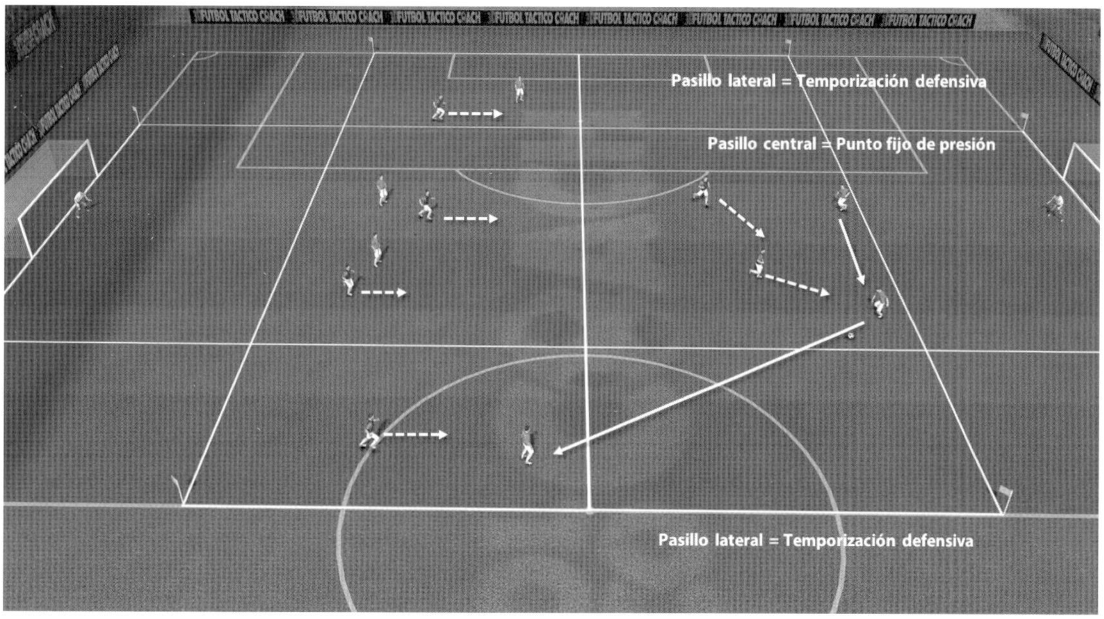

Disposición: En un terreno de juego de 60 x 50 mts, se forman dos grupos de 6 jugadores más un portero en un sistema de juego de 4 - 2.

Conceptos tácticos defensivos:

- Se fijará un posicionamiento defensivo principal de replegado o en intermedio.
- Se organizará una defensa zonal en la que las principales referencias sean el balón, el espacio, la posición de los compañeros y los adversarios; para todo ello:

1. Se jugará en un bloque defensivo compacto (distancias laterales y verticales).
2. Se realizarán basculaciones horizontales y verticales en las que se procurará no perder las distancias laterales en la misma línea y verticales entre líneas.
3. Se establecerán zonas activas y pasivas defensivas, sobre éstas últimas se realizarán vigilancias defensivas.

- El colectivo mantendrá, en todo momento, una correcta orientación postural.
- Se establecerán coberturas simples y dobles en la misma línea y entre líneas.
- La línea de defensas reducirá el espacio vertical entre líneas en los pasillos laterales, cuando se produzcan cualquiera de las acciones concretas del juego expuestas anteriormente y, como consecuencia, se dejará a los rivales más adelantados en posición de fuera de juego.
- Se realizarán temporizaciones colectivas cuando el juego se encuentre en un pasillo lateral.
- Se realizarán repliegues colectivos para recuperar el posicionamiento principal.
- El medio de banda más alejado del foco del ataque realizará repliegues individuales como medida compensatoria.
- Se actuará con velocidad defensiva para llegar organizadamente a todas las posiciones del balón.
- Se creará superioridad numérica y una gran densidad defensiva en el foco del ataque.

Desarrollo: La tarea se desarrollará mediante acciones conjuntas con continuidad y finalización. El grupo atacante desarrollará ataques combinativos, con los que se buscarán las zonas más propicias del campo para progresar y finalizar los ataques. El grupo defensor, se posicionará en repliegue o en intermedio, aplicará los conceptos tácticos defensivos expresados anteriormente e intentará neutralizar toda progresión en el ataque del rival.

En esta tarea se realizará presión colectiva en el pasillo central (punto fijo de presión) y, al mismo tiempo, la línea de defensas adelantará la línea y reducirá las distancias verticales con la línea superior (fuera de juego de forma directa), en todas las acciones concretas del juego que mencionamos en las tareas anteriores. Si los atacantes consiguen mantener el balón y progresar en el juego, los defensores realizarán repliegues y continuarán trabajando con la misma dinámica defensiva.

2. NEUTRALIZACIÓN DE LOS ATAQUES DIRECTOS

Coordinación espacio - temporal de la línea de defensas y el portero y medidas compensatorias en caso de error al realizar el fuera de juego.

EJERCICIO 7: Ejercicio para la mejora de la provocación del fuera de juego (2 grupos de 4 jugadores más un portero. El grupo defensor basculará horizontalmente durante la circulación horizontal del balón por parte del grupo ofensivo, reducirá el espacio vertical en el momento de la preparación del gesto técnico del golpeo largo y vertical y, al mismo tiempo, el portero deberá acompañar el desplazamiento de la línea de defensas).

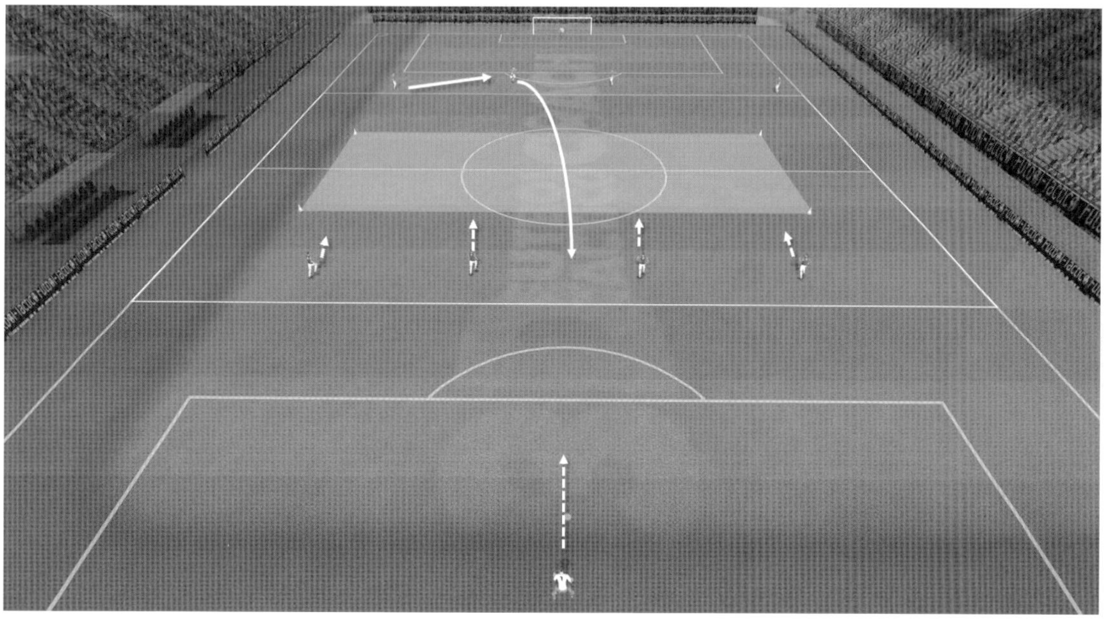

© 3D Fútbol Táctico Coach

Disposición: En un terreno de juego de 60 x 50 mts juegan dos grupos de cuatro jugadores más un portero.

Conceptos tácticos defensivos:

- Fijar un posicionamiento defensivo.
- Establecer una organización defensiva zonal.
- Mantener en todo momento una adecuada orientación postural que nos permita tener una buena percepción del juego (espacio, balón y compañeros).
- Reducir el espacio vertical (adelantamiento de la línea y del portero) en el momento de preparación gesto técnico al golpeo del balón en largo.
- Se actuará en un bloque compacto (adecuadas distancias laterales).
- Realización de basculaciones horizontales durante la circulación horizontal del balón por parte del grupo ofensivo.
- Conseguir una gran sincronización en todos los desplazamientos de los jugadores de la línea de defensas y el portero.
- Realizar repliegues colectivos después del adelantamiento de la línea de defensas como medida compensatoria.
- Actuar con la adecuada velocidad defensiva para la realización de los conceptos tácticos antes mencionados.

Material: Balones suficientes para que en el desarrollo de la tarea no existan excesivas interrupciones, petos para diferenciarse ambos grupos y conos que señalen el posicionamiento defensivo y los metros para adelantar la línea.

Desarrollo: La tarea se realiza en base a evoluciones técnicas ofensivas y defensivas. El grupo ofensivo circulará el balón en pase corto o medio de un carril lateral al otro para, en un momento dado, enviar el balón en largo y vertical sobre el grupo que realiza funciones defensivas. El grupo defensivo mantendrá en todo momento una alta concentración en la tarea, basculará horizontalmente durante la circulación horizontal del balón por parte del grupo ofensivo, reducirá el espacio vertical en el momento de la preparación del gesto técnico del golpeo largo y vertical y, al mismo tiempo, el portero deberá acompañar el desplazamiento de la línea de defensas.

EJERCICIO 8: Ejercicio para la mejora de la provocación del fuera de juego (2 grupos de 6 jugadores más un portero. El grupo defensor basculará horizontalmente durante la circulación horizontal del balón por parte del grupo ofensivo, reducirá el espacio vertical en el momento de la preparación del gesto técnico del golpeo largo y vertical y, al mismo tiempo, el portero deberá acompañar el desplazamiento de la línea de defensas).

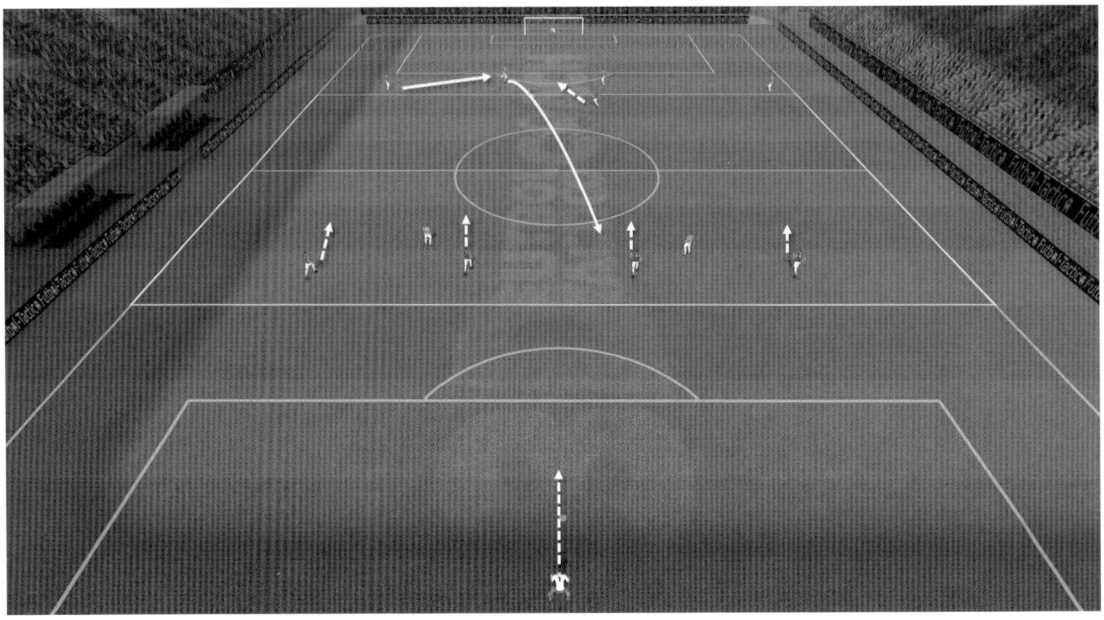

Disposición: En un terreno de juego de 60 x 50 mts juegan dos grupos de seis jugadores más un portero, en un sistema de 4 - 2.

Conceptos tácticos defensivos:

- Fijar un posicionamiento defensivo.
- Establecer una organización defensiva zonal.
- Mantener en todo momento una adecuada orientación postural que nos permita tener una buena percepción del juego (espacio, balón, adversarios y compañeros).
- Reducir el espacio vertical (adelantamiento de la línea y del portero) en el momento de preparación gesto técnico al golpeo del balón en largo. Realización de fuera de juego de forma directa.
- Se actuará en un bloque compacto (adecuadas distancias laterales).
- Realización de basculaciones horizontales durante la circulación horizontal del balón por parte del grupo ofensivo.
- Conseguir una gran sincronización en todos los desplazamientos de los jugadores de la línea de defensas y el portero.
- Realizar repliegues colectivos después del adelantamiento de la línea de defensas como medida compensatoria.
- Actuar con la adecuada velocidad defensiva para la realización de los conceptos tácticos antes mencionados.

Material: Balones suficientes para que en el desarrollo de la tarea no existan excesivas interrupciones, petos para diferenciarse ambos grupos y conos que señalen el posicionamiento defensivo.

Desarrollo: La tarea se realiza en base a acciones conjuntas ofensivas y defensivas. El grupo ofensivo circulará el balón en pase corto o medio de un carril lateral al otro con la oposición de los dos puntas, para, en un momento determinado, enviar el balón en largo y vertical sobre los dos puntas. Éstos intentarán ganar el pase largo y lograr el gol. El grupo defensivo mantendrá en todo momento una alta concentración en la tarea, basculará horizontalmente durante la circulación horizontal del balón por parte del grupo ofensivo, reducirá el espacio vertical en el momento de la preparación del gesto técnico del golpeo largo y vertical, dejando en posición de fuera de juego a los dos puntas y, al mismo tiempo, el portero deberá acompañar el desplazamiento de la línea de defensas.

EJERCICIO 9: Ejercicio para la mejora de la provocación del fuera de juego (3 grupos de 4 jugadores más un portero. El grupo defensor basculará horizontalmente durante la circulación horizontal del balón por parte del grupo ofensivo, reducirá el espacio vertical en el momento de la preparación del gesto técnico del golpeo largo y vertical y, al mismo tiempo, el portero deberá acompañar el desplazamiento de la línea de defensas).

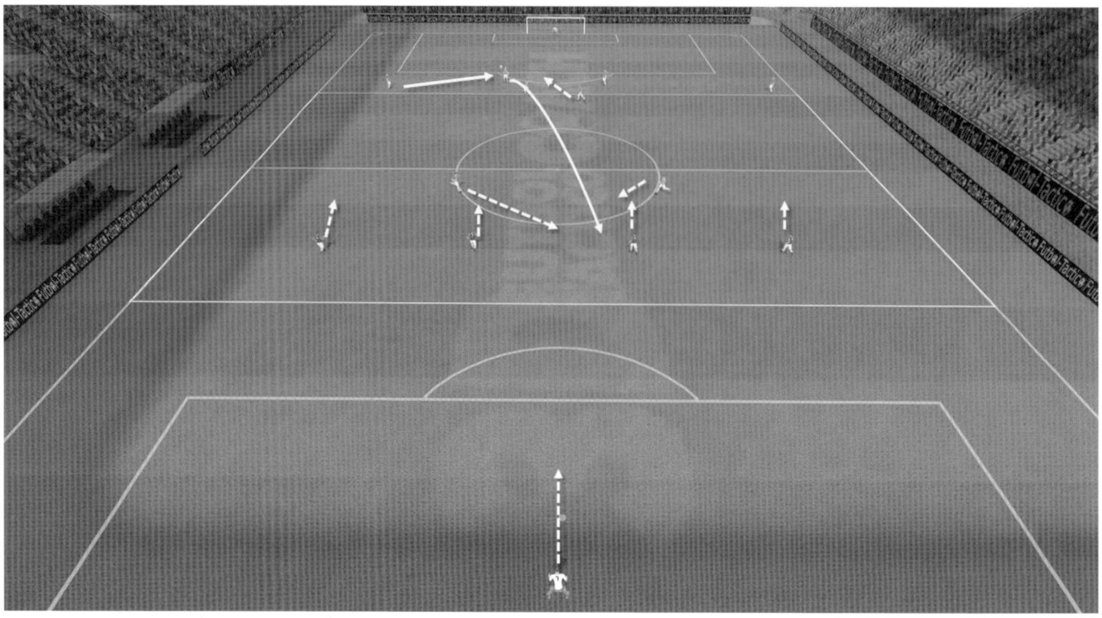

© 3D Fútbol Táctico Coach

Disposición: En un espacio de juego de 60 x 50 mts juegan tres grupos de cuatro jugadores más un portero, en un sistema de 4 - 2.

Conceptos tácticos defensivos:

- Fijar un posicionamiento defensivo.
- Establecer una organización defensiva zonal.
- Mantener en todo momento una adecuada orientación postural que nos permita tener una buena percepción del juego (espacio, balón, adversarios y compañeros).
- Reducir el espacio vertical (adelantamiento de la línea y del portero) en el momento de preparación gesto técnico al golpeo del balón en largo. Realización de fuera de juego directo.
- En el caso de no actuar como en el punto anterior, realizar coberturas simples y dobles sobre el compañero que actúa sobre el balón.
- Se actuará en un bloque compacto (adecuadas distancias laterales).
- Realización de basculaciones horizontales durante la circulación horizontal del balón por parte del grupo ofensivo.
- Conseguir una gran sincronización en todos los desplazamientos de los jugadores de la línea de defensas y el portero.
- Realizar repliegues colectivos después del adelantamiento de la línea de defensas como medida compensatoria.
- Actuar con la adecuada velocidad defensiva para la realización de los conceptos tácticos antes mencionados.

Material: Balones suficientes para que en el desarrollo de la tarea no existan excesivas interrupciones, petos para diferenciarse los tres grupos y conos que señalen el posicionamiento defensivo.

Desarrollo: La tarea se realiza en base a acciones conjuntas ofensivas y defensivas. El grupo ofensivo circulará el balón en pase corto o medio de un carril lateral al otro, para, en un momento determinado, enviar el balón en largo y vertical sobre los dos puntas. Éstos intentarán ganar el pase largo y lograr el gol. El grupo defensivo mantendrá en todo momento una alta concentración en la tarea, basculará horizontalmente durante la circulación horizontal del balón por parte del grupo ofensivo, en cada ataque decidirán si realizan fuera de juego directo o disputan la posesión del balón; en el caso de realizar fuera directo, reducirán el espacio vertical dejando en posición de fuera a los dos puntas y, en el caso de no efectuarlo, disputarán el balón a los dos puntas intentando realizar despejes orientados sobre los dos jugadores del tercer grupo colocados en medio campo y, de esta forma, iniciar un ataque directo desde la línea de defensas.

EJERCICIO 10: Ejercicio para la mejora de la provocación del fuera de juego (3 grupos de 4 jugadores más un portero (2 grupos ofensivos de 4 jugadores contra 1 defensivo). El grupo defensor en cada ataque decidirán si realizan fuera de juego directo o disputan la posesión del balón a los cuatro puntas; en el caso de realizar fuera directo, reducirán el espacio vertical dejando en posición de fuera a los dos puntas y, en el caso de no efectuarlo, disputarán el balón a los puntas intentando realizar despejes, los cuales serán recogidos por la línea de defensas. Los defensores adelantarán la línea para enfrentarse a la línea de defensas (4 contra 4), dejando a la línea de puntas en posición de fuera de juego).

© 3D Fútbol Táctico Coach

Disposición: En un espacio de juego de 60 x 50 mts juegan tres grupos de cuatro jugadores más un portero (dos grupos ofensivos de 4 jugadores contra 1 defensivo).

Conceptos tácticos defensivos:

- Fijar un posicionamiento principal defensivo.
- Establecer una organización defensiva zonal.
- Mantener en todo momento una adecuada orientación postural que nos permita tener una buena percepción del juego (espacio, balón, adversarios y compañeros).
- Los defensores cuando vayan a realizar fuera de juego directo se posicionarán muy próximos a los jugadores que hacen funciones de puntas (esta acción será el estímulo que indica que se va a realizar fuera de juego directo).
- Reducir el espacio vertical (adelantamiento de la línea y del portero) en el momento de preparación gesto técnico al golpeo del balón en largo. Realización de fuera de juego directo.
- En el caso de no actuar como en el punto anterior, realizar coberturas simples y dobles sobre el compañero que actúa sobre el balón.
- Se actuará en un bloque compacto (adecuadas distancias laterales).
- Realización de basculaciones horizontales durante la circulación horizontal del balón por parte del grupo ofensivo.
- Conseguir una gran sincronización en todos los desplazamientos de los jugadores de la línea de defensas y el portero.
- Realizar repliegues colectivos después del adelantamiento de la línea de defensas como medida compensatoria.
- Actuar con la adecuada velocidad defensiva para la realización de los conceptos tácticos antes mencionados.

Material: Balones suficientes para que en el desarrollo de la tarea no existan excesivas interrupciones, petos para diferenciarse los tres grupos y conos que señalen el posicionamiento defensivo.

Desarrollo: La tarea se realiza en base a acciones conjuntas ofensivas y defensivas. El grupo ofensivo, la línea de defensas circular el balón en pase corto o medio de un carril lateral al otro, para, en un momento determinado, enviar el balón en largo y vertical sobre los cuatro jugadores que actúan como puntas (tercer grupo). Éstos intentarán ganar el pase largo y lograr el gol (1° jugada del ataque directo). El grupo defensivo mantendrá en todo momento una alta concentración en la tarea, basculará horizontalmente durante la circulación horizontal del balón por parte del grupo ofensivo, en cada ataque decidirán si realizan fuera de juego directo o disputan la posesión del balón a los cuatro puntas; en el caso de realizar fuera directo, reducirán el espacio vertical dejando en posición de fuera a los dos puntas y, en el caso de no efectuarlo, disputarán el balón a los puntas intentando realizar despejes, los cuales serán recogidos por la línea de defensas. Los defensores adelantarán la línea para enfrentarse a la línea de defensas (4 contra 4), dejando a la línea de puntas en posición de fuera de juego. En esa situación intentarán recuperar el balón, si no lo consiguen y el tercer grupo recupera la posición reglamentaria jugarán en una inferioridad numérica de 2 líneas de 4 contra 4 defensores. Los defensores cuando recuperen el balón alternarán sus funciones con los grupos atacantes.

EJERCICIO 11: Ejercicio para la mejora de la provocación del fuera de juego (2 equipos de 7 jugadores en un sistema de juego de 1 - 3 - 2 - 1. El equipo defensor se posicionará en repliegue o en plegado pero, en todos los casos, dejará iniciar el ataque a la línea de defensas rivales).

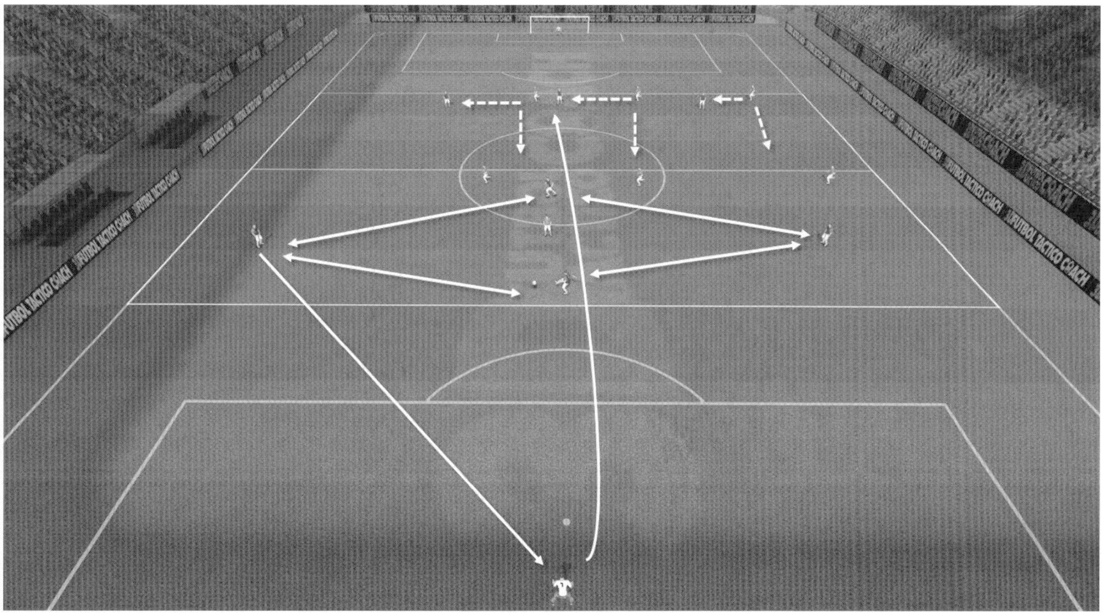

© 3D Fútbol Táctico Coach

Disposición: En un terreno de juego de 60 x 50 mts juegan dos equipos de siete jugadores en un sistema de juego de 1 - 3 - 2 - 1.

Conceptos tácticos defensivos:

- Fijar un posicionamiento defensivo.
- Establecer una organización defensiva zonal.
- Realizar fuera de juego de forma directa en situaciones concretas del juego (pase largo del rival).
- Mantener en todo momento una adecuada orientación postural.
- Provocar un pase largo y vertical impreciso mediante presencia activa sobre el jugador que efectúa el pase.
- Reducción del espacio vertical por parte de la línea de defensas en la preparación del gesto técnico del pase largo y posterior repliegue colectivo como medida preventiva.
- Repliegues individuales de los jugadores de medio campo en función de los desmarques de ruptura de los adversarios de la segunda línea.
- Actuar con una buena velocidad defensiva para llegar a todas las posiciones del balón y poder tomar decisiones adecuadas.
- Se pretende conseguir una gran coordinación en todos los desplazamientos que realicen las diferentes líneas (portero, defensas y medios).

Material: Conos para limitar el espacio de juego y marcar los posicionamientos, balones suficientes y petos para diferenciarse ambos equipos.

Desarrollo: La tarea se desarrolla mediante acciones conjuntas con continuidad y finalización. El grupo ofensivo desarrollará ataques directos; para ello, en la iniciación del ataque circulará el balón de un carril lateral al otro, buscando el momento adecuado para jugar en pase largo sobre la línea de puntas. El equipo defensor se posicionará en repliegue o en plegado pero, en todos los casos, dejará iniciar el ataque a la línea de defensas rivales. Durante la circulación del balón que efectúa el adversario, el colectivo defensor realizará basculaciones horizontales sin perder la formación en un bloque compacto. Se le obligará al rival a jugar en una línea de tres atacantes; para ello, la línea de defensas buscará la referencia de los medios de banda. Aplicará fuera de juego de forma directa al pase largo que realice el rival, pero, siempre de forma discontinua, es decir, deberá elegir cuando hacerlo y cuando no, de tal forma que sorprenda al adversario. Al mismo tiempo la línea de medios presionará en sus zonas a los rivales buscando que el pase largo no sea preciso y, posteriormente, realizará repliegues individuales en función de los desmarques de ruptura de jugadores rivales de las líneas más retrasadas; todo ello, como medida preventiva ante un posible error en la realización del fuera de juego. Si el grupo defensor recupera el balón realizará contraataque y, posteriormente, iniciará el ataque directo.

EJERCICIO 12: Ejercicio para la mejora de la provocación del fuera de juego (2 equipos de 7 jugadores en un sistema de juego de 1 - 3 - 2 - 1 El grupo defensivo se presentará en un posicionamiento de replegado o plegado pero siempre dando la opción al rival de iniciar el juego desde la línea de defensas).

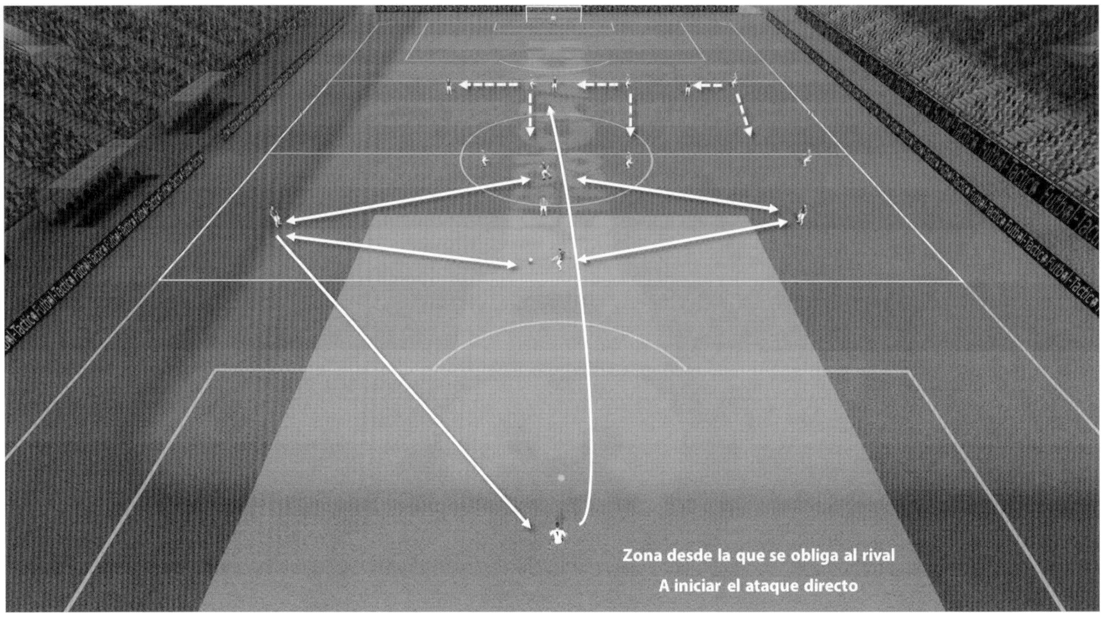

© 3D Fútbol Táctico Coach

Disposición: En un espacio de juego de 60 x 50 mts juegan dos equipos de siete jugadores en un sistema de juego de 1 - 3 - 2 - 1.

Conceptos tácticos defensivos:

- Fijar un posicionamiento defensivo.
- Establecer una organización defensiva zonal.
- Aplicar fuera de juego directo en situaciones concretas del juego, en este caso a pases largos desde la zona central.
- Mantener en todo momento una adecuada orientación postural para manifestar una gran percepción del balón, el espacio, la situación de los contrarios y de los compañeros.
- Provocar un pase largo y vertical desde la zona central impreciso mediante una presencia activa sobre el jugador que efectúa el pase.
- Reducción del espacio vertical por parte de la línea de defensas en la preparación del gesto técnico del pase largo y posterior repliegue colectivo como medida compensatoria. Realización de fuera de juego de forma directa.
- Repliegues individuales de los jugadores de medio campo en función de los desmarques de ruptura de los adversarios que entren desde la segunda línea.
- Actuar con la adecuada intensidad y velocidad defensiva.

Material: Conos para limitar el espacio de juego y marcar los posicionamientos, balones suficientes y petos para diferenciarse ambos grupos.

Desarrollo: La tarea se realiza mediante acciones conjuntas con continuidad y finalización. El grupo ofensivo desarrollará ataques combinativos con los que intentará finalizar los mismos. El grupo defensivo se presentará en un posicionamiento de replegado o plegado pero siempre dando la opción al rival de iniciar el juego desde la línea de defensas. Posteriormente intentará neutralizar el juego combinativo que pretende desarrollar el rival; para ello, realizará una defensa zonal presionante, a excepción de cuando el equipo se encuentre en inferioridad numérica. Se eliminarán todas las líneas de pase, a excepción de la línea de pase al central, al cual, posteriormente, se le presionará con el fin de obligarlo a realizar un pase largo y, de esta forma, obligar al rival a realizar ataques directos, iniciados por la línea de defensa desde la zona central, para desarrollar fuera de juego de forma directa.

LA TRANSICIÓN ATAQUE-DEFENSA:
Ejercicios para la mejora de la eficacia

La transición de ataque a defensa podemos conceptuarla cómo el paso de una fase de juego ofensiva a una fase de juego defensiva; todo ello, desarrollado en el menor espacio de tiempo y con la mayor eficacia posible, con el objetivo de poder posicionarse, organizarse defensivamente y llegar a recuperar el balón. Se considera que la transición de ataque a defensa tiene su inicio durante la fase ofensiva al realizar la misma manifestando y aplicando una serie de principios tácticos ofensivos que nos permitan ocupar racionalmente el espacio de juego y que ante una posible pérdida de la posesión del balón, nos permita quedar en una situación de realizar una transición de ataque a defensa rápida y eficaz.

La transición de ataque a defensa es el primer escalón para dotar al equipo de una adecuada organización defensiva, puesto que nos va a conducir a ella, es decir, que la organización defensiva dentro de un posicionamiento determinado, es imposible que exista sin una eficaz transición de ataque a defensa.

EJERCICIO 1: Ejercicio para la mejora de la transición de ataque a defensa (en igualdad numérica 6 contra 6).

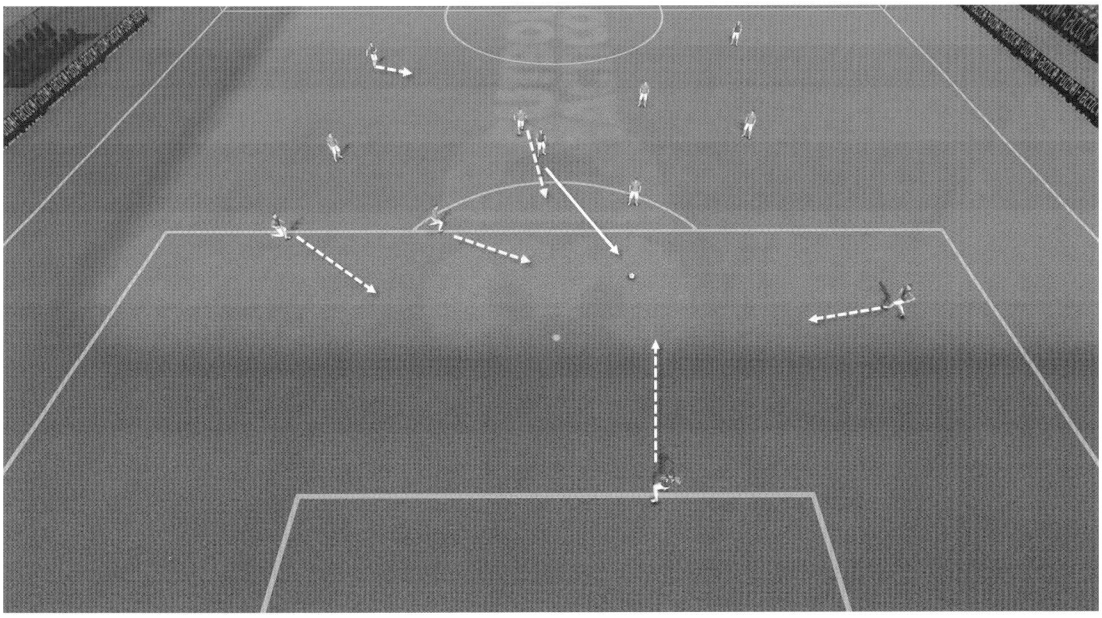

Disposición: En un espacio de juego de 45 x 45 mts, juegan dos grupos de seis jugadores

Fundamentos y principios tácticos defensivos:

- Realizar una rápida y eficaz transición de ataque a defensa.
- Cambiar la mentalidad ofensiva por defensiva en el menor tiempo posible.
- Pasar de desarrollar funciones ofensivas a defensivas en el menor espacio de tiempo.
- Pasar de la amplitud de espacios que se manifiesta en la ofensiva a la reducción de espacios que se debe establecer en la fase defensiva.
- Manifestar un marcaje mixto.
- Realizar presión colectiva para recuperar la posesión del balón en el menor tiempo.
- Actuar con velocidad e intensidad defensiva.
- Realización de temporizaciones cuando no se encuentre todo el grupo (impedir líneas pases).

Material: Conos para marcar el espacio de juego. Balones suficientes. Petos para diferenciarse ambos grupos.

Desarrollo: La tarea se desarrolla en igualdad numérica de 6 contra 6. El grupo atacante intentará mantener la posesión del balón durante el mayor tiempo posible y se anotará un punto por cada vez que consiga dar seis pases seguidos. Este grupo, cuando pierda la posesión del balón deberá cambiar su mentalidad ofensiva por defensiva, pasar de la amplitud a la reducción de espacios y desempeñar funciones defensivas; todo ello, se tendrá que desarrollar el menor tiempo posible. Una vez realizada la transición de ataque a defensa, se presionará para tratar de recuperar la posesión del balón en el menor tiempo posible. En todas las fases defensivas se actuará con velocidad e intensidad defensiva. La tarea la ganará el grupo que más puntos consiga en el tiempo total del juego.

EJERCICIO 2: Ejercicio para la mejora de la transición de ataque a defensa (en superioridad numérica 6 contra 5).

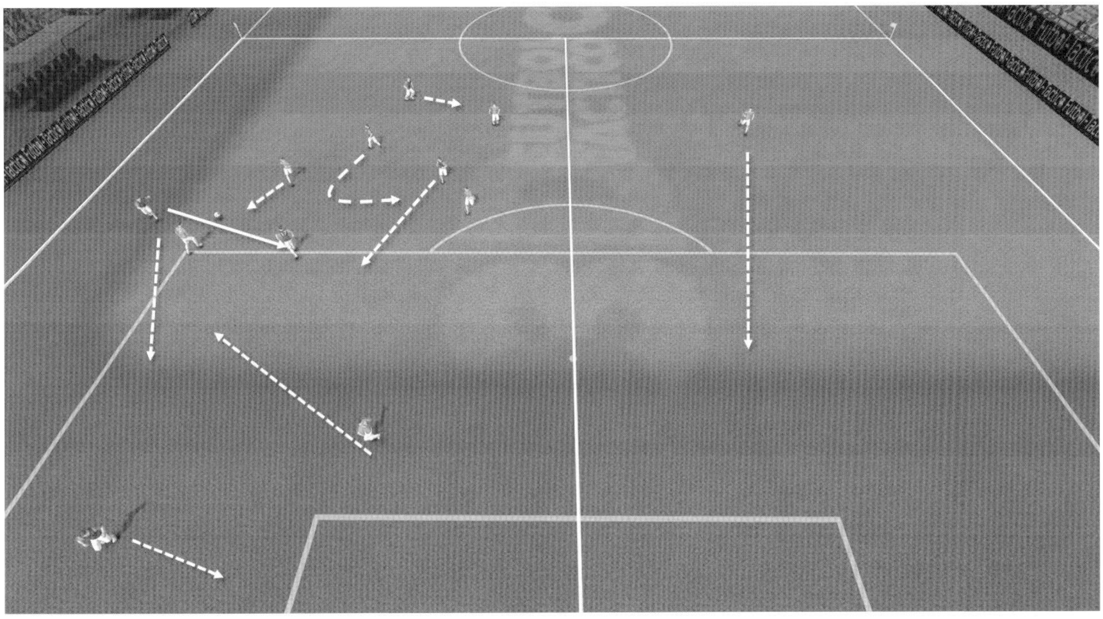

© 3D Fútbol Táctico Coach

Disposición: Un espacio de juego total de juego de 60 x 35 mts., se divide en dos zonas exactamente iguales. Se forman dos grupos de seis jugadores. Cada equipo tiene su zona ofensiva, en la que, como se ve en el gráfico, el grupo ofensivo juega en superioridad numérica de 6 contra 5.

Fundamentos y principios tácticos defensivos:

- Realizar una rápida y eficaz transición de ataque a defensa.
- Cambiar la mentalidad ofensiva por defensiva en el menor tiempo posible.
- Pasar de desarrollar funciones ofensivas a defensivas en el menor espacio de tiempo.
- Pasar de la amplitud de espacios que se manifiesta en la ofensiva a la reducción de espacios que se debe establecer en la fase defensiva.
- Manifestar un marcaje zonal.
- Realizar presión colectiva para recuperar la posesión del balón en el menor tiempo.
- Actuar con velocidad e intensidad defensiva.
- Realización de temporizaciones cuando no se encuentre todo el grupo agrupado (limitación de líneas de pases).

Material: Conos para marcar el espacio de juego. Balones suficientes. Petos para diferenciarse ambos grupos.

Desarrollo: La tarea se inicia en una zona ofensiva, en este caso en la del grupo azul, en esta zona los azules juegan en superioridad numérica 6 contra 5, debido a que uno de los defensores tendrá que permanecer en su propio espacio juego, esperando que su grupo recupere la posesión del balón. El grupo atacante jugará con un máximo de tres toques, intentará mantener en su poder el mayor tiempo posible la posesión del balón y se anotará un punto cada vez que logre ocho pases seguidos. Cuando el grupo defensor consiga recuperar el balón, lo trasladará mediante un pase a su espacio ofensivo, alternando, de esta forma, las fases del juego. El nuevo grupo defensor, tendrá que ocupar lo más rápidamente posible la nueva zona ofensiva, estableciendo, con ello, una rápida transición de ataque a defensa. El ganador de la tarea será el grupo que más puntos logre en el tiempo total del juego.

EJERCICIO 3: Ejercicio para la mejora de la transición de ataque a defensa (2 equipos de 5 jugadores, actuando el equipo defensor con un portero y una línea de horizontal de 4 jugadores, mientras que el grupo ofensivo juega en superioridad numérica en un sistema de 4-1, más 1 portero).

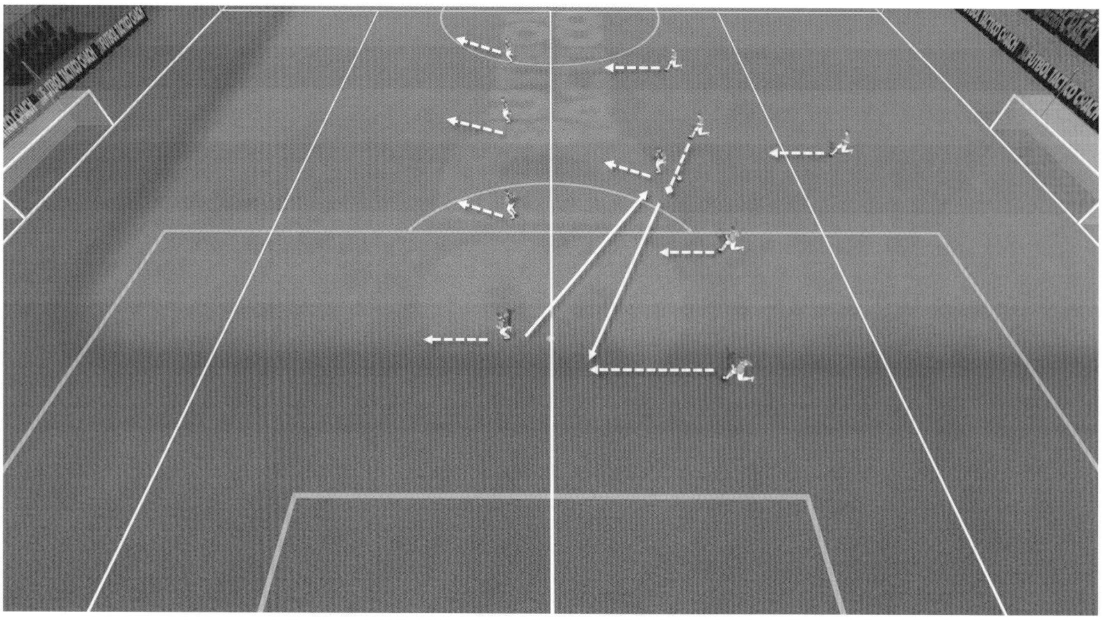

Disposición: En un espacio de juego total de 60 x 45 mts, se forman dos equipos de cinco jugadores, actuando el equipo defensor con un portero y una línea de horizontal de cuatro jugadores, mientras que el grupo ofensivo juega en superioridad numérica en un sistema de 4 - 1, más 1 portero.

Fundamentos y principios tácticos defensivos:

- Realizar una rápida y eficaz transición de ataque a defensa.
- Una vez perdida la posesión del balón, pasar de la ofensiva a la defensiva en el menor espacio de tiempo.
- Cambiar la mentalidad ofensiva a defensiva en el mínimo tiempo.
- Pasar de la amplitud que se manifiesta durante la fase ofensiva a la reducción de espacios que se llevará a cabo durante la fase defensiva.
- Aprovechamiento de los condicionantes que se le imponen a los atacantes para realizar repliegues colectivos (iniciación del ataque desde el portero).
- Actuar con velocidad defensiva.
- Manifestar una organización defensiva zonal.
- Posicionarse en repliegue intensivo.

Material: Conos para marcar el espacio de juego y los posicionamientos defensivos. Balones suficientes para no perder dinamismo en la tarea. Petos para diferenciarse ambos grupos.

Desarrollo: El grupo atacante que estará obligado a iniciar los ataques desde su portero, intentará mediante ataques combinativos progresar y finalizar el ataque por el lugar más adecuado y lograr el gol. Cuando este equipo pierda la posesión del balón deberá cumplir una transición de ataque a defensa en el menor espacio de tiempo, realizando repliegues colectivos para ocupar el posicionamiento indicado. Para ello, deberá de actuar con velocidad defensiva y aprovechará que el ataque del rival siempre se iniciará desde el jugador que esté situado de portero.

EJERCICIO 4: Ejercicio para la mejora de la transición de ataque a defensa (el defensor o defensores que se encuentren por delante del balón, después del segundo pase obligatorio que se les impone a los atacantes, quedarán en esa fase defensiva fuera del juego trabajando su grupo en inferioridad numérica).

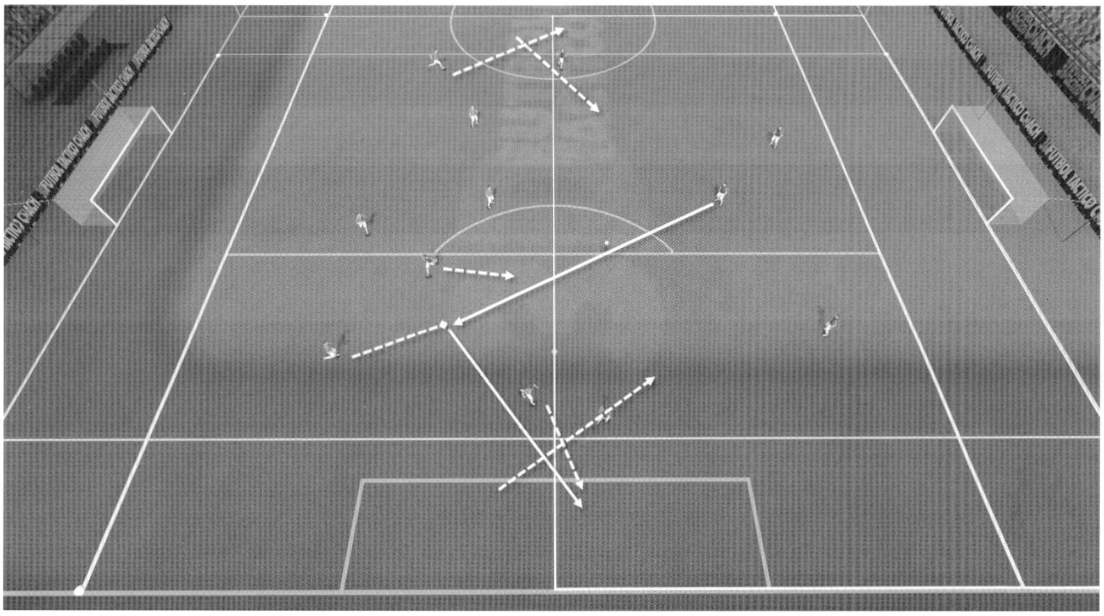

Disposición: En un espacio de juego de 60 x 45 mts, juegan dos equipos en igualdad numérica de seis jugadores más un portero, actuando en un sistema de juego de 3 - 3.

Fundamentos y principios tácticos defensivos:

- Pasar de ataque a defensa en el menor tiempo posible, cumpliendo, de esta forma, una rápida transición de ataque a defensa.
- Exigir un cambio de mentalidad ofensiva a defensiva en el menor espacio de tiempo.
- Pasar de la amplitud que se manifiesta en la fase ofensiva a la reducción de espacios que se manifestará durante toda la fase defensiva.
- Mostrar una organización defensiva zonal.
- Realización de repliegues colectivos aprovechando los condicionantes ofensivos impuestos a los atacantes.
- Posicionarse en repliegue intensivo.
- Actuar con la adecuada velocidad defensiva.

Material: Conos para marcar el espacio de juego, los pasillos laterales y los posicionamientos defensivos. Balones suficientes. Petos para distinguirse ambos grupos.

Desarrollo: Los atacantes realizarán ataques combinativos estando obligados a tener que dar un mínimo de dos pases en su propio campo antes de poder progresar hacia la portería adversaria. Una vez que este equipo pierda la posesión del balón deberá realizar una transición de ataque a defensa en el menor tiempo posible; para ello, se cumplirá con los conceptos tácticos defensivos anteriormente mencionados. El defensor o defensores que se encuentren por delante del balón, después del segundo pase obligatorio que se les impone a los atacantes, quedarán en esa fase defensiva fuera del juego trabajando su grupo en inferioridad numérica. El grupo ganador será el que más goles logre en el tiempo total del juego.

EJERCICIO 5: Ejercicio para la mejora de la transición de ataque a defensa (los atacantes efectuarán ataques combinativos y, si consiguen finalizar el ataque, se posicionarán en repliegue; pero, si la posesión del balón se pierde en campo contrario, se posicionarán en avanzado intentando recuperar el balón en el lugar que se perdió).

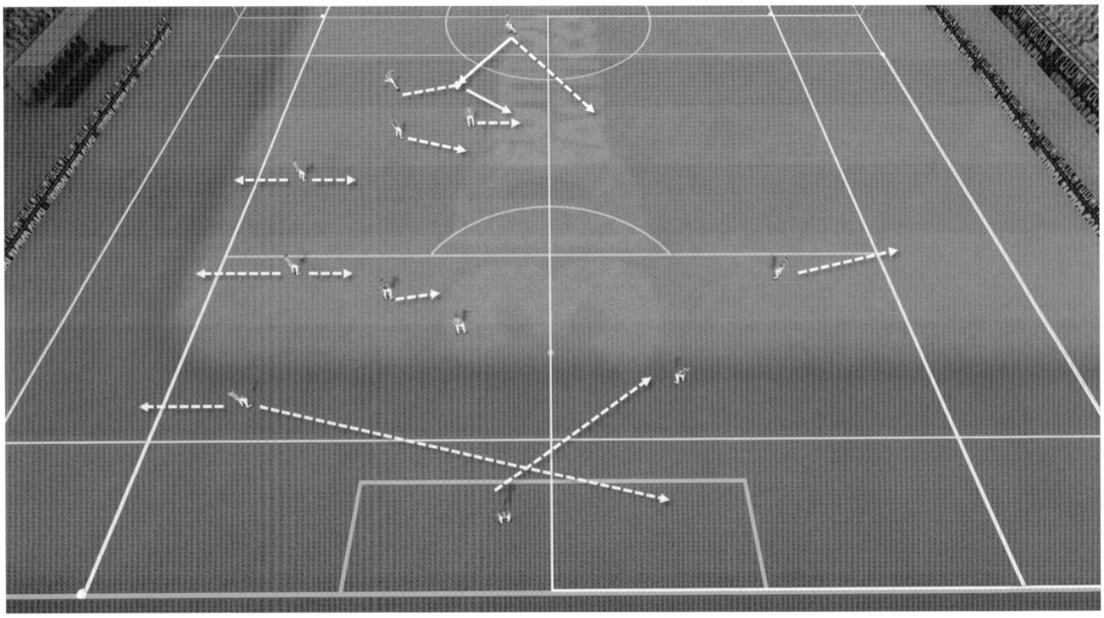

© 3D Fútbol Táctico Coach

Disposición: En un espacio de juego de 60 x 45 mts, se forma dos equipos de seis jugadores más un portero, en un sistema de juego de 3 - 3.

Fundamentos y principios tácticos defensivos:

- Se realizará una rápida transición de ataque a defensa.
- Se exigirá cambiar la mentalidad ofensiva por defensiva en el mínimo tiempo.
- Se pasará de la amplitud (fase ofensiva) a la reducción de espacios (fase defensiva) en el menor espacio de tiempo.
- Se intentará recuperar la posesión del balón en el origen, es decir, en la zona en que se perdió la posesión del balón.
- En un principio, se intentará posicionarse en avanzado.
- Si no se consigue posicionarse en avanzado, se aplicarán temporizaciones y repliegues colectivos para alcanzar un posicionamiento en intermedio o en repliegue.
- Utilizar un marcaje combinado en función del espacio ocupado, mixto en avanzado y zonas en otros posicionamientos.
- Se actuará con una alta velocidad defensiva.

Desarrollo: Los atacantes efectuarán ataques combinativos y, si consiguen finalizar el ataque, se posicionarán en repliegue; pero, si la posesión del balón se pierde en campo contrario, se posicionarán en avanzado intentando recuperar el balón en el lugar que se perdió. Esta presión estará favorecida al tener que dar el nuevo equipo ofensivo un mínimo de dos pases en su propio campo y, si se recupera la posesión del balón, se finalizará mediante un contraataque y se posicionarán, posteriormente, en repliegue. Si estando posicionados presencia intensiva, el contrario es capaz de romper esa presión colectiva, el equipo replegará y cambiará el marcaje a zonas. Los goles logrados en contraataque tendrán un valor doble. La tarea la ganará el grupo que más puntos logre en el tiempo total del juego.

EJERCICIO 6: Ejercicio para la mejora de la transición de ataque a defensa (el grupo defensor, en todas las faltas que se produzcan, el entrenador señalará faltas aleatoriamente, debe temporizar el saque para obtener una organización defensiva completa del grupo).

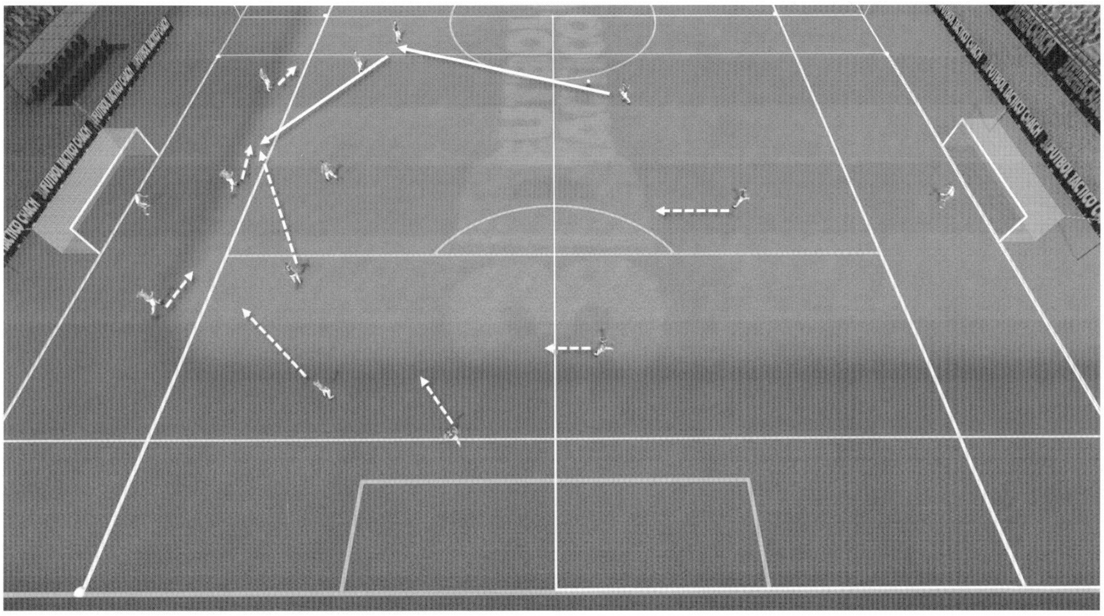

© 3D Fútbol Táctico Coach

Disposición: En un espacio de juego de 60 x 45 mts, se forma dos equipos de seis jugadores más un portero, en un sistema de juego de 3 - 3.

Fundamentos y principios tácticos defensivos:

- Se realizará una rápida y eficaz transición de ataque a defensa.
- Se exigirá cambiar la mentalidad ofensiva por defensiva en el mínimo tiempo.
- Se pasará de realizar acciones ofensivas a defensivas en el menor tiempo posible.
- Se pasará de la amplitud (fase ofensiva) a la reducción de espacios (fase defensiva).
- Se realizarán temporizaciones en todas las acciones a balón parado.
- Se actuará con una alta velocidad defensiva.

Material: Conos para marcar el espacio de juego, los posicionamientos defensivos principales. Balones suficientes. Petos para diferenciarse ambos grupos.

Desarrollo: El grupo atacante desarrollará ataques combinativos y contraataques en función de las circunstancias del juego. El grupo defensor realizará transiciones de ataque a defensa empleando el menor tiempo posible y, con ello, posicionarse, dentro de los posicionamientos principales, en el más adelantado posible. En esta tarea, el grupo defensor, en todas las faltas que se produzcan, el entrenador señalará faltas aleatoriamente, debe temporizar el saque para obtener una organización defensiva completa del grupo. Cada vez que sean sorprendidos por el saque rápido del contrario el rival se anotará un punto (valor de un gol). El ganador de la tarea será el que más goles haya logrado en el tiempo total del juego.

LOS DESMARQUES DE APOYO Y DE RUPTURA:
Ejercicios para la mejora de su eficacia

Cuando un equipo recupera la posesión del balón tiene como premisas fundamentales dos objetivos básicos:

- Asegurar la posesión del balón.
- Progresar en el ataque.

Para cumplir con estos dos objetivos, el poseedor del balón necesita de soluciones constantes, variadas y eficaces por parte de los jugadores sin balón hacia el compañero en posesión del mismo; para todo ello, estos deben mostrar una gran movilidad (ayudas permanentes), representadas por los desmarques.

Los desmarques representan la base del juego ofensivo sin balón, que es la que establece, principalmente, el estilo ofensivo de juego de un equipo.
El jugador atacante sin balón y marcado tiene la obligación de evitar, en el momento preciso, el marcaje y salir de la zona de influencia de su adversario.

Objetivos de los desmarques de apoyo:

- Para dar soluciones favorables al poseedor del balón.
- Para asegurar la posesión del balón.
- Para poder jugar el balón con seguridad y precisión.
- Para lograr superioridad numérica en la zona del balón.
- Para crear espacios libres (movimiento de arrastre del adversario).
- Para construir las fases de iniciación y elaboración del ataque combinativo.
- Para iniciar y crear el contraataque elaborado o directo.
- Para mantener y conservar la posesión del balón.
- Para mantener un control del juego.

Objetivos de los desmarques de ruptura:

- Para facilitar la creación del juego del poseedor del balón.
- Para ocupar y aprovechar los espacios libres.
- Para favorecer el juego en el espacio lejano.
- Para progresar en el ataque o contraataque.
- Para finalizar los ataques o contraataques.

EJERCICIO 1: Ejercicio para la mejora de los desmarques de apoyo mediante cambios de orientación del juego hacia zona contraria (Equipo atacante juega en superioridad numérica).

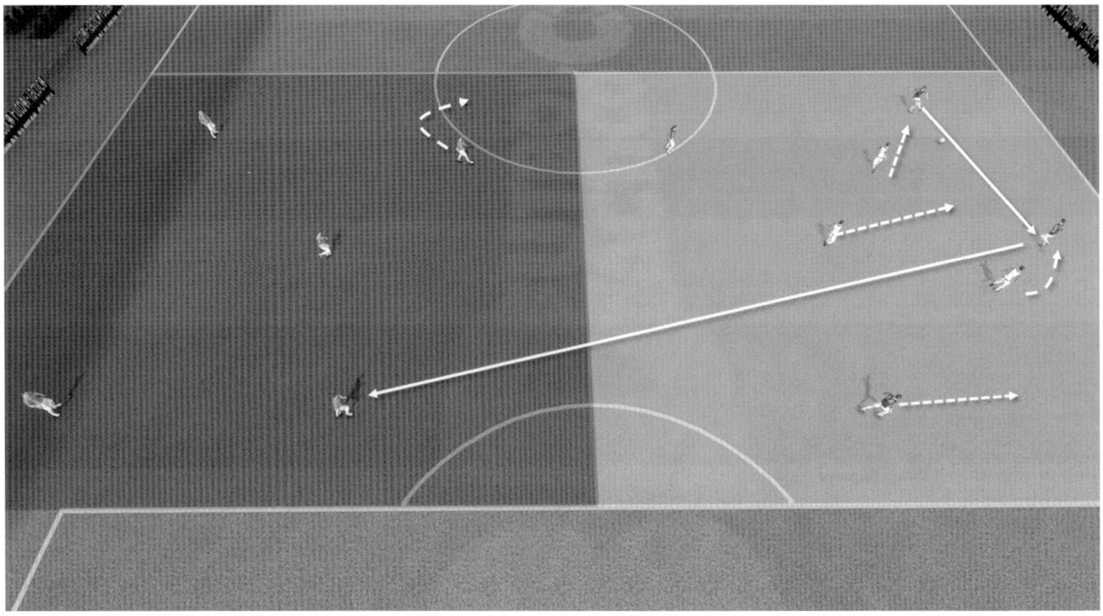

© 3D Fútbol Táctico Coach

Disposición: Un espacio de juego total de 40 x 20 mts se divide en dos zonas exactamente iguales (20 x 20 mts). Se enfrentan tres grupos de cuatro jugadores que juegan 4 contra 3 en cada zona.

Conceptos tácticos defensivos:

- Mejora de la eficacia de los desmarques de apoyo, con el objetivo de crear el mayor número de líneas de pase posibles al poseedor del balón.
- Mejora de la eficacia en el mantenimiento de la posesión del balón.
- Mejora de la ocupación y aprovechamiento del espacio de juego.
- Mejora de las ayudas permanentes, las cuales se deben manifestar con una gran movilidad de los jugadores.
- Mejora de los cambios de orientación.
- Mejora de la velocidad en el juego ajustada a la precisión en el mismo.
- Mejora del ritmo en el juego.

Material: Conos para marcar el espacio total del juego y las dos zonas, balones suficientes y petos para diferenciarse los tres grupos.

Número máximo de toques: No existirá limitación de toques, aunque se procurará jugar con la mayor velocidad en el juego posible.

Desarrollo: En ambas zonas los atacantes juegan en superioridad numérica de cuatro contra tres. Éstos intentarán mantener la posesión del balón durante el mayor tiempo posible; para todo ello, tendrán la obligación de dar un mínimo de cinco pases en cada zona para cambiar la orientación del juego hacia la otra zona. Este grupo dada la oposición con la que se juega en cada zona, se exigirá una gran movilidad de los atacantes con continuos desmarques de apoyo. Cada vez que los atacantes logren completar un ciclo (5 pases más cambiar la orientación del juego hacia la otra zona) obtendrán un punto. El grupo de defensores marcará en zonas, acosará fuertemente a los atacantes y cuando recuperen el balón alternarán las funciones con el grupo al que le arrebató el balón; de esta forma, se seguirá la misma dinámica descripta anteriormente. El juego lo ganará el equipo que sume más puntos en el tiempo total del juego.

EJERCICIO 2: Ejercicio para la mejora de los desmarques de apoyo mediante cambios de orientación del juego hacia zona contraria (Equipo atacante juega en igualdad numérica).

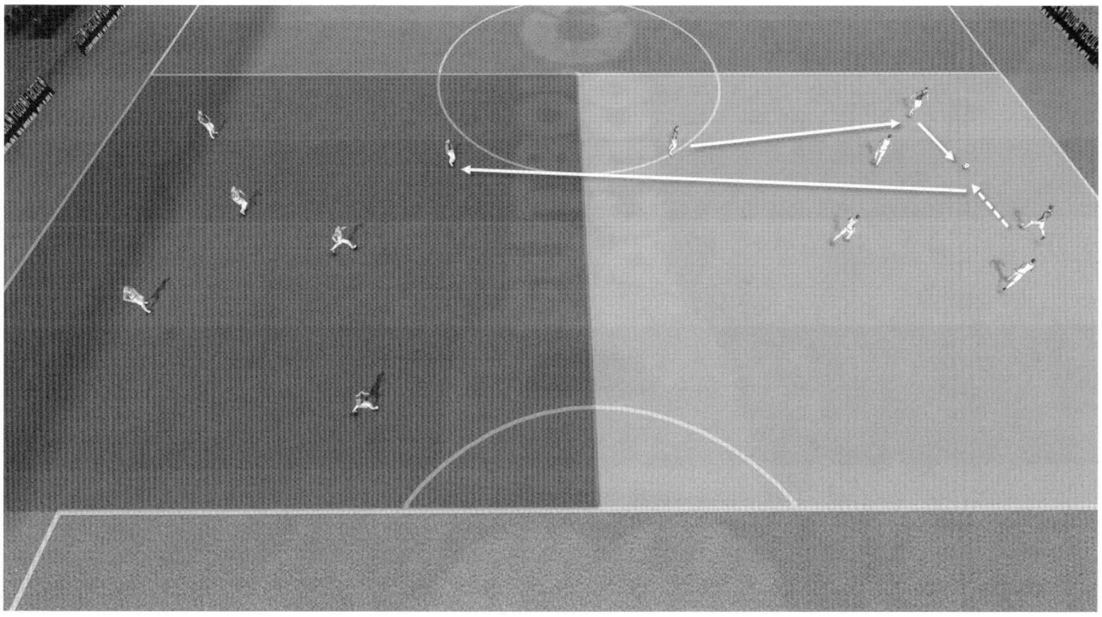

© 3D Fútbol Táctico Coach

Disposición: Un espacio de juego total de 40 x 20 mts se divide en dos zonas exactamente iguales (20 x 20 mts). Se enfrentan dos grupos de seis jugadores que juegan 3 contra 3 en cada zona.

Conceptos tácticos defensivos:

- Mejora de la eficacia de los desmarques de apoyo con los que se creará el mayor número de líneas de pase posibles al poseedor del balón.
- Mejora de la eficacia en el mantenimiento de la posesión del balón.
- Mejora de la ocupación y aprovechamiento del espacio de juego.
- Mejora de las ayudas permanentes manifestando una gran movilidad.
- Mejora de los cambios de orientación.
- Mejora de la velocidad en el juego ajustada a la precisión en el mismo.
- Mejora del ritmo en el juego.
- Material: Conos para marcar el espacio total del juego y las dos zonas, balones suficientes y petos para diferenciarse los dos grupos.

Número máximo de toques: No existirá limitación de toques, aunque se procurará jugar con la mayor velocidad posible.

Desarrollo: En ambas zonas los atacantes juegan en igualdad numérica de tres contra tres. Éstos intentarán mantener la posesión del balón durante el mayor tiempo posible; para todo ello, tendrán la obligación de dar un mínimo de tres pases en cada zona para cambiar la orientación del juego hacia la otra zona. Este grupo dada la igualdad numérica que se juega en cada zona y el alto grado de oposición, mostrará una gran movilidad de los atacantes con continuos desmarques de apoyo. Cada vez que los atacantes logren completar un ciclo (3 pases más el cambio de orientación del juego hacia la otra zona) obtendrán un punto. El grupo de defensores marcará en mixto, acosará fuertemente a los atacantes y cuando recuperen el balón alternarán las funciones siguiendo la misma dinámica descripta anteriormente. El juego lo ganará el equipo que sume más puntos en el tiempo total del juego.

EJERCICIO 3: Ejercicio para la mejora de los desmarques de apoyo buscando mantener el mayor tiempo posible la posesión del balón (Equipo atacante juega en igualdad numérica).

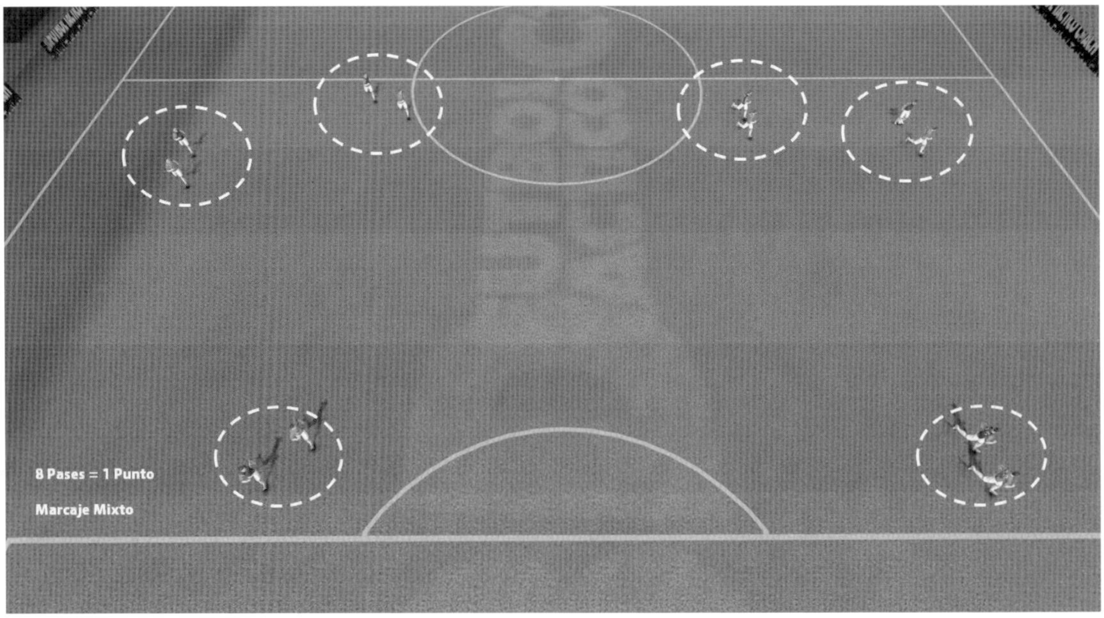

© 3D Fútbol Táctico Coach

Disposición: Se juega en un espacio de juego de 50 x 40 mts. Se enfrentan dos grupos de seis jugadores (6 contra 6).

Conceptos tácticos ofensivos:

- Mejora de la eficacia de los desmarques de apoyo con los que se pretende habilitar el mayor número de líneas de pase al poseedor del balón.
- Mejora de la ocupación y aprovechamiento del espacio de juego.
- Mejora de la eficacia en el mantenimiento de la posesión del balón.
- Ofrecer constantes ayudas permanentes al poseedor del balón; para todo ello, se deberá mostrar una gran movilidad por parte de los jugadores sin posesión del balón.
- Mejora de la velocidad en el juego y precisión en el mismo.

Número máximo de toques: Libre de toques.

Material: Conos para marcar el espacio de juego, balones suficientes y petos para diferenciarse los dos grupos.

Desarrollo: Ambos grupos juegan en igualdad numérica de 6 contra 6. El grupo ofensivo intentará mantener el mayor tiempo posible la posesión del balón, obteniendo un punto por cada ocho pases seguidos en una misma posesión del balón. Como consecuencia de la igualdad numérica y el tipo de marcaje que realizan los defensores, los atacantes deberán manifestar una gran movilidad y ofrecer constantes desmarques de apoyo al poseedor del balón para ofrecer a éste el mayor número de líneas de pase. El grupo defensor marcará mixto e intentarán recuperar el balón en el menor espacio de tiempo y, con ello, los grupos alternarán las funciones. Ganará la tarea el grupo que mayor número de puntos haya logrado en el tiempo total de la tarea.

EJERCICIO 4: Ejercicio para la mejora de los desmarques de apoyo buscando mantener la posesión del balón y finalizar a gol en las distintas porterías (Equipo atacante juega en igualdad numérica).

© 3D Fútbol Táctico Coach

Disposición: En un espacio de juego de 50 x 40 mts, dentro del cual se establecen tres cuadrados de 2 x 2 ms (porterías). Se enfrentan dos grupos de seis jugadores.

Conceptos tácticos ofensivos:

- Mejora en la eficacia en los desmarques de apoyo y de ruptura.
- Mejora de la eficacia en el mantenimiento de la posesión del balón.
- Manifestar continuas ayudas permanentes al poseedor del balón mostrando una gran movilidad.
- Mejora de la ocupación y aprovechamiento del espacio de juego.
- Mejora en la eficacia de los cambios de orientación como forma de descongestionar las zonas sobrecargadas de contrarios.
- Mejora de la velocidad y precisión en el juego.

Número máximo de toques: Libre de toques pero imprimiendo al juego la mayor velocidad posible.

Material: Conos para marcar el espacio de juego y los cuadrados interiores de 2 x 2 mts (porterías), balones suficientes y petos para diferenciarse los dos grupos.

Desarrollo: Ambos equipos juegan en igualdad numérica de 6 contra 6. El grupo ofensivo intentará mantener el mayor tiempo posible la posesión del balón; para todo ello, será necesario jugar en todo el espacio de juego y se tratará de lograr goles en las distintas porterías y seguir en posesión del balón. El grupo atacante por cada gol logrado y seguir con la posesión del balón se anotarán un punto. Los defensores desarrollarán un marcaje al hombre o mixto e intentarán recuperar el balón en el menor espacio de tiempo y, con ello, pasar a desarrollar su fase ofensiva. Ganará la tarea el grupo que mayor número de puntos haya logrado en el tiempo total de la tarea.

EJERCICIO 5: Ejercicio para la mejora de los desmarques de apoyo y los desmarques de ruptura.

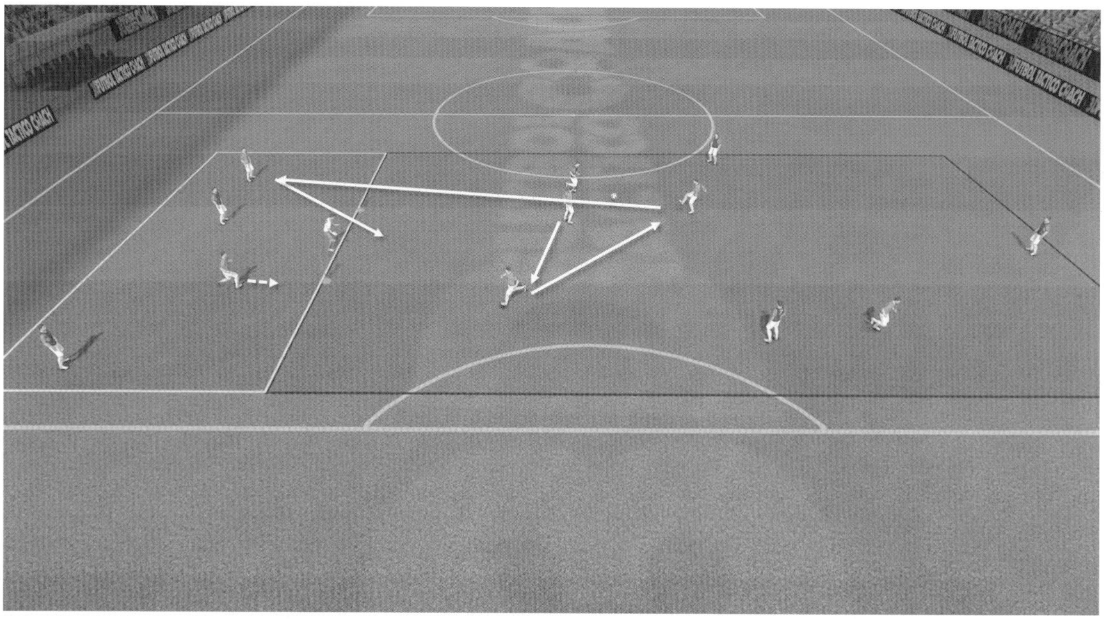

© 3D Fútbol Táctico Coach

Disposición: En un espacio total de 50 x 30 mts, el cual se divide en dos zonas: una zona de posesión del balón de 30 x 30 mts y otra zona de finalización 20 x 30 ms. Se enfrentan dos grupos de cinco jugadores más dos porteros (3 en la zona de posesión del balón y 2 en la zona de finalización).

Conceptos tácticos ofensivos:

- Mejora de los desmarques de apoyo y de ruptura.
- Mejora de la eficacia en el mantenimiento de la posesión del balón.
- Mejora de la ocupación y aprovechamiento del espacio de juego.
- Mejora de los cambios de orientación.
- Mejora de la velocidad en el juego ajustada a la precisión en el mismo.
- Mejora del ritmo en el juego.

Número de toques: Libre pero imprimiendo la mayor velocidad al juego posible.

Material: Conos que marquen las zonas de juego. Balones suficientes. Petos para diferenciarse los grupos. Una portería reglamentaria.

Desarrollo: El grupo atacante inicia el juego en la zona de posesión del balón, en la cual se realizarán continuos desmarques de apoyo con el objetivo de darle soluciones eficaces al poseedor del balón. En esta zona se tendrá que efectuar un mínimo de tres pases para poder pasar a la zona de finalización. En la zona de finalización, a partir de cumplirse el tercer pase, los jugadores efectuarán continuos desmarques de ruptura con el fin de recibir pase desde la otra zona y finalizar con tiro. El grupo atacante por cada gol logrado se anotará un punto. Los grupos alternarán sus funciones en ambas zonas después de cada pérdida de balón y todos los jugadores deberán pasar por las dos zonas. La tarea la ganará el grupo que haya logrado más puntos en el tiempo total de la tarea.

EJERCICIO 6: Ejercicio para la mejora de los desmarques de apoyo y los desmarques de ruptura (Cambios de rol de cada equipo tras consecución de gol).

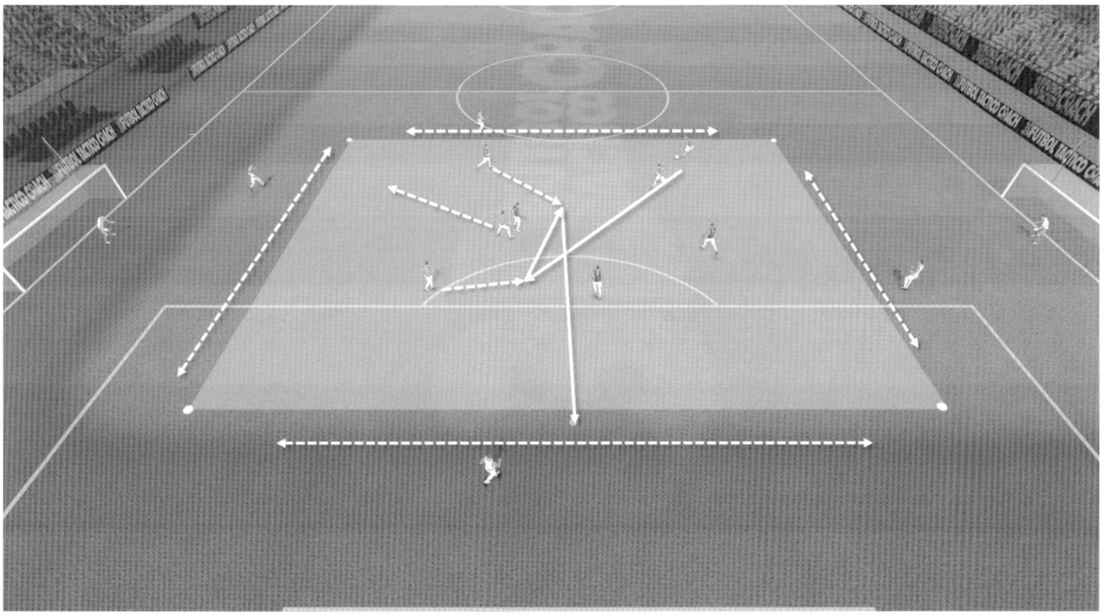

Disposición: En un espacio de juego de 60 x 40 mts, se enfrentan dos grupos de tres jugadores, más 4 comodines, más dos porteros.

Conceptos tácticos ofensivos:

- Mejora de los desmarques de apoyo y de ruptura.
- Mejora de la eficacia en el mantenimiento de la posesión del balón.
- Mejora de la amplitud ofensiva, mediante una ocupación fija de los pasillos laterales.
- Mejora de la ocupación y aprovechamiento del espacio de juego.
- Mejora de los cambios de orientación.
- Mejora de la velocidad en el juego ajustada a la precisión del mismo.
- Mejora del ritmo en el juego.
- Mejora de la progresión en el juego.
- Mejora del equilibrio ofensivo.

Número de toques: El grupo atacante jugará libre de toques, mientras que los comodines (tercer equipo) jugarán con un máximo de dos toques.

Material: Conos que marquen el espacio de juego, los carriles laterales y la mitad del terreno de juego. Balones suficientes. Petos para diferenciarse los tres grupos. Dos porterías de F - 11 ó 7.

Desarrollo: El grupo defensor marcará al hombre o mixto. El grupo ofensivo realizará ataques combinativos y estará obligado a dar un mínimo de seis pases antes de poder intentar el gol. Se deberá ofrecer una gran movilidad basada en constantes desmarques de apoyo y de ruptura. Los comodines (tercer equipo), colocados en los carriles laterales y por detrás de los defensores, no podrán abandonar sus posiciones, ni finalizar los ataques, ni dar más de dos toques al balón. Después de cada gol los equipos rotarán pasando el equipo defensor a hacer las funciones de comodines y éstos de defensores.

LAS PAREDES:
Ejercicios con finalización y sin finalización

Concepto: es la acción técnico – táctica colectiva ofensiva que consiste en el pase efectuado por un jugador (iniciador de la pared) sobre un compañero (receptor de la pared) y la devolución de dicho pase mediante un solo toque, bien sobre el jugador pasador, o bien, sobre otro compañero; todo ello, con el objetivo principal de desbordar a uno o varios adversarios y, con ello, superar las líneas adversarias.

Objetivos que se pretenden lograr con las paredes:

- Desbordar adversarios.
- Superar las líneas adversarias.
- Conseguir una progresión en el juego.
- Ofrecer velocidad al juego (acción técnico- táctica realizada a un solo toque).
- Conservar la posesión del balón.
- Desorientar a los contrarios.
- Lograr buenas posiciones de tiro.
- Combatir a una defensa zonal.
- Medio para progresar y finalizar los ataques.
- Combatir al adversario cuando desarrolle maniobra táctica defensiva del fuera de juego.
- Crear superioridad numérica en la zona del balón.

A. EJERCICIOS SIN FINALIZACIÓN

EJERCICIO 1: Ejercicio para la mejora de la pared (ambos grupos intentarán mantener el máximo tiempo la posesión de los tres balones).

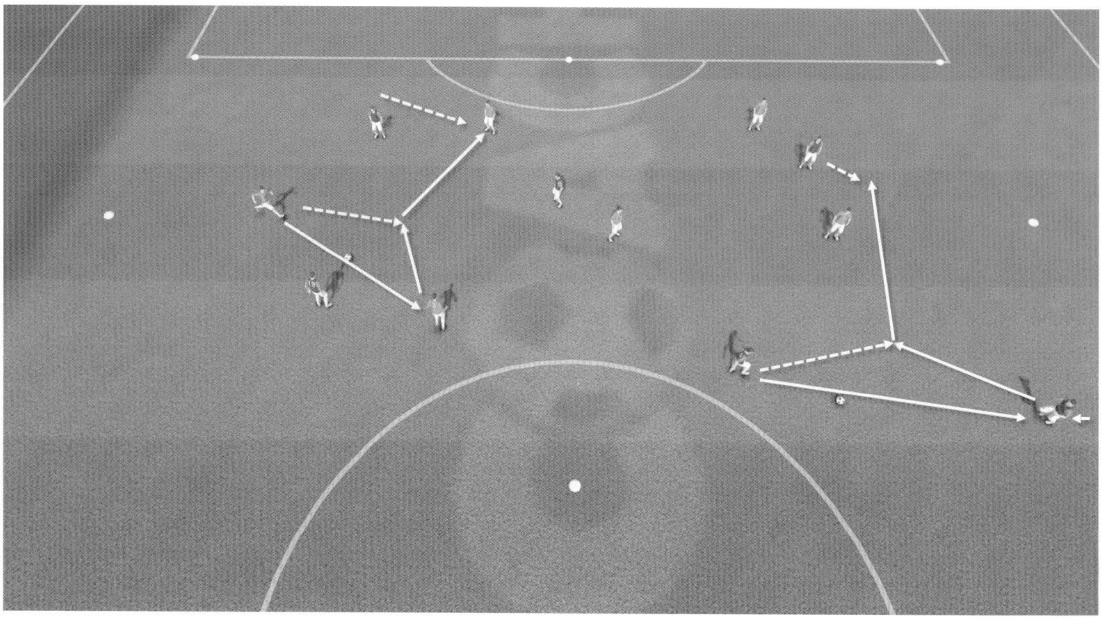

© 3D Fútbol Táctico Coach

Disposición: En un espacio de juego de 25 x 25 mts. se forman dos grupos de seis jugadores.

Conceptos tácticos ofensivos:

- Mejora en la eficacia de la realización de las paredes clásicas de cualquier clase.
- Mejora de la eficacia de la posesión del balón.
- Mejora de la ocupación y aprovechamiento del espacio de juego.
- Buscar una correcta orientación postural para recibir y ejecutar los pases.
- Mejora de la velocidad y precisión en el juego.
- Mejora del ritmo en el juego.

Material: Conos para marcar el espacio de juego y tres balones por grupo.

Número máximo de toques: Dos por jugador.

Desarrollo: Cada grupo dispondrá de tres balones. La tarea se desarrolla con una oposición semi activa como consecuencia de estar jugando dos grupos en el mismo espacio de juego. Los jugadores de ambos grupos no podrán interceptar los balones del otro grupo. Ambos grupos intentarán mantener el máximo tiempo la posesión de los tres balones de los que disponen y mantendrán un ritmo en el juego continuo; para todo ello, realizarán control, pared clásica y pase corto. El grupo ganador será el que consiga mantener en juego el último balón; todo ello, cumpliendo con los condicionantes expuestos para la tarea.

EJERCICIO 2: Ejercicio para la mejora de la pared (la tarea se desarrollará en superioridad numérica de 8 contra 4).

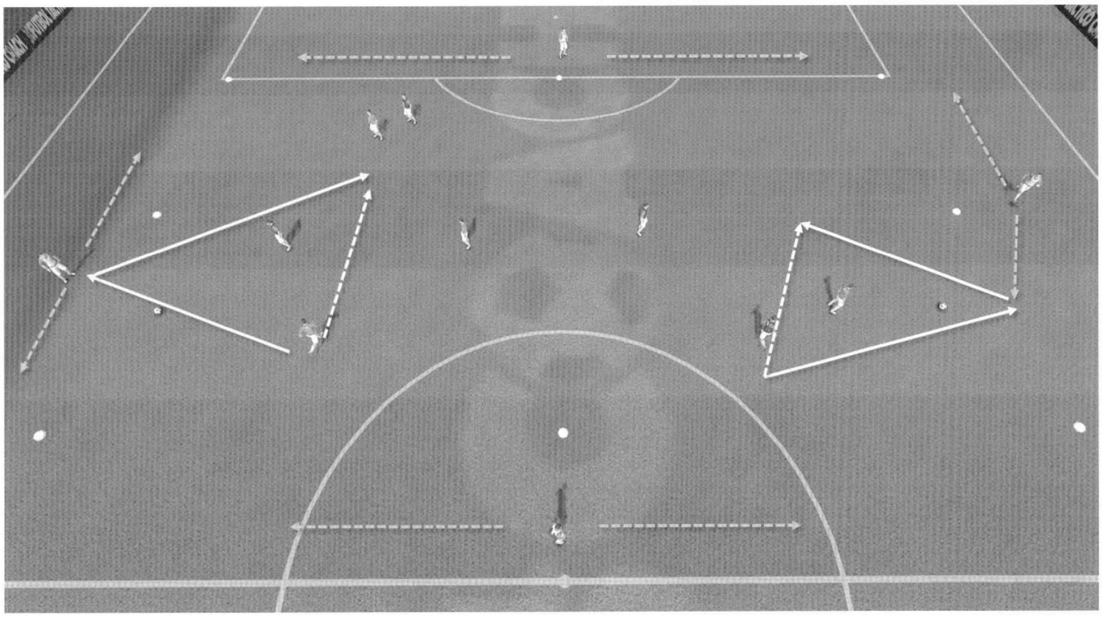

© 3D Fútbol Táctico Coach

Disposición: En un espacio de juego de 30 x 30 mts. en el que se establecen cuatro pasillos laterales de 3 mts. Se forman tres grupos de cuatro jugadores que se colocarán tal y como se ve en el gráfico.

Conceptos tácticos ofensivos:

- Mejora de la eficacia en la realización de las paredes clásicas de cualquier clase (frontales, laterales dorsales).
- Mejora de la eficacia de la posesión del balón.
- Mejora de la amplitud ofensiva fija mediante ocupación fija de los pasillos laterales.
- Mejora de la ocupación y aprovechamiento del espacio de juego.
- Mejora de los apoyos y desmarques de apoyo para crear líneas de pase al poseedor del balón.
- Mejora de las ayudas permanentes manifestando una gran movilidad entorno al poseedor del balón.
- Mejora de la velocidad en el juego adaptada a la precisión en el mismo.
- Mejora del ritmo en el juego.

Número máximo de toques: Los cuatro jugadores que juegan en los pasillos laterales tendrán un máximo de dos toques, mientras que los que juegan en el interior del espacio lo harán libre de toques.

Material: Conos para marcar el espacio de juego y cuatro pasillos laterales, balones suficientes y petos para diferenciarse los tres grupos.

Desarrollo: La tarea se desarrollará en superioridad numérica de 8 contra 4 (cuatro atacantes en los pasillos laterales y otros cuatro en zona interior). Los grupos atacantes mantendrán el mayor tiempo posible la posesión del balón y, al mismo tiempo, intentará lograr el mayor número de paredes clásicas de cualquier clase. Estos grupos por cada tres paredes clásicas obtendrán un punto. El grupo defensor no podrá ocupar los pasillos laterales, neutralizará las acciones ofensivas del rival e intentará recuperar el balón a la mínima oportunidad, alternando, de esta forma, las funciones en el juego con el grupo al que se le arrebató el balón. El grupo ganador será el que en el tiempo total haya sumado más puntos.

EJERCICIO 3: Ejercicio para la mejora de la pared (ambos grupos intentarán, apoyados en su superioridad numérica con la ayuda de los comodines, mantener el máximo tiempo la posesión).

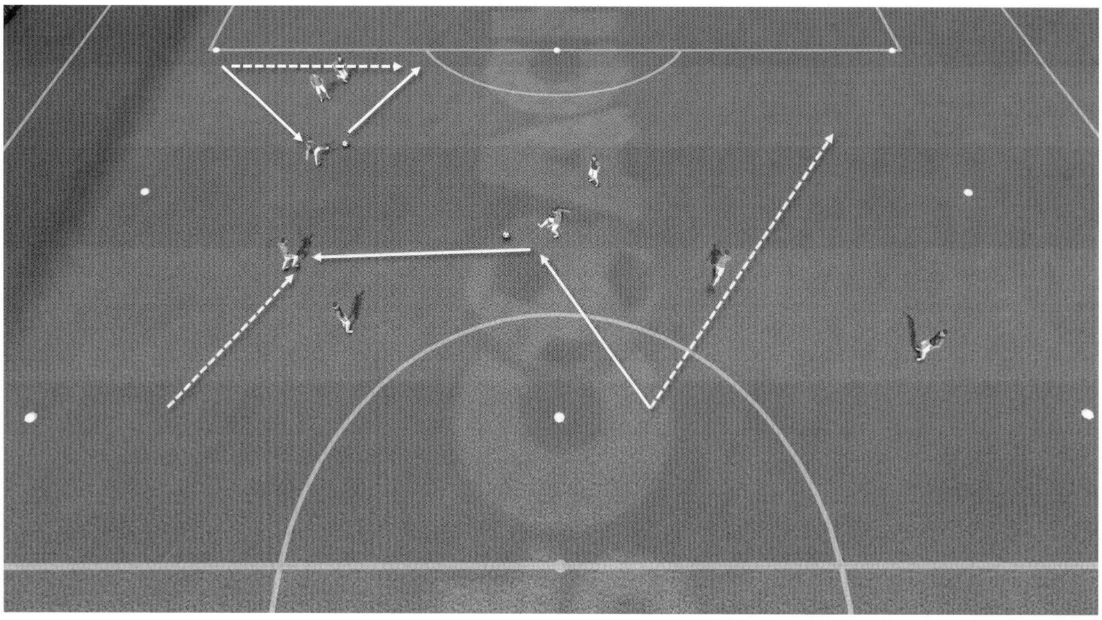

© 3D Fútbol Táctico Coach

Disposición: En un espacio de juego de 30 x 30 mts. en el que se establecen cuatro pasillos laterales de 3 m. Se forman tres grupos de cuatro jugadores que se colocarán tal y como se ve en el gráfico.

Conceptos tácticos ofensivos:

- Mejora en la eficacia de la realización de las paredes clásicas y falsas de cualquier clase.
- Mejora en la eficacia en el mantenimiento de la posesión del balón.
- Mejora de la ocupación y aprovechamiento del espacio de juego.
- Buscar una correcta orientación postural para recibir y ejecutar los pases.
- Mejora de los apoyos al poseedor del balón (creación de líneas de pase).
- Manifestar una gran movilidad en forma de ayudas permanentes.
- Mejora de la velocidad y precisión en el juego.
- Manifestar un ritmo en el juego.

Material: Conos para marcar el espacio de juego, petos para diferenciarse los grupos y tres balones por grupo.

Número máximo de toques: Dos por jugador.

Desarrollo: Cada grupo dispondrá de tres balones. La tarea se desarrolla con una oposición semi activa como consecuencia de estar jugando dos grupos en el mismo espacio de juego. Los jugadores de ambos grupos no podrán interceptar los balones del otro grupo. Ambos grupos intentarán, apoyados en su superioridad numérica con la ayuda de los comodines, mantener el máximo tiempo la posesión de los tres balones de los que disponen y mantendrán un ritmo en el juego continuo; para todo ello, realizarán control, pared clásica o falsa y pase corto o medio. Cada grupo por la realización de una pared clásica obtendrá un punto y si se trata de una pared falsa dos puntos. El grupo ganador será el que consiga mayor número de puntos con la posesión de los tres balones, todo ello, cumpliendo con la adecuada realización de las paredes y con los condicionantes expuestos para la tarea.

B. EJERCICIOS CON FINALIZACIÓN

EJERCICIO 4: Ejercicio para la mejora de la pared (los atacantes están obligados a realizar un mínimo de dos paredes antes de poder intentar el gol).

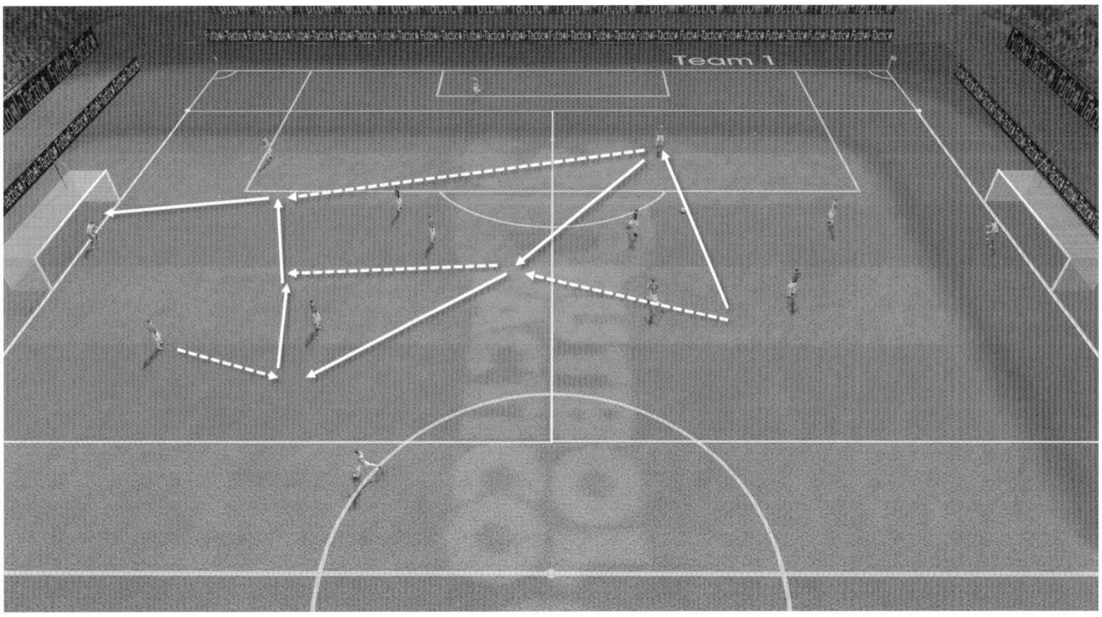

Disposición: Se utiliza un terreno de juego de 60 x 40 mts. Se enfrentan tres equipos de cuatro jugadores más dos porteros.

Conceptos tácticos ofensivos:

- Mejora de la realización de paredes clásicas, falsas y dobles paredes de cualquier clase.
- Mejora de los desmarques de apoyo y de ruptura.
- Mejora de la eficacia en el mantenimiento de la posesión del balón.
- Mejora de la ocupación y aprovechamiento del espacio de juego.
- Mejora de la amplitud ofensiva mediante una ocupación fija de los pasillos laterales.
- Manifestar una gran movilidad alrededor del poseedor del balón en base a ayudas permanentes.
- Mejora de la velocidad en el juego.
- Mejora del ritmo en el juego.
- Mejora de la progresión en el juego.
- Mejora del equilibrio ofensivo.

Número de toques: Libre pero imprimiendo la mayor velocidad al juego posible.

Material: Conos que marquen el espacio de juego, los carriles laterales y la mitad del terreno de juego. Balones suficientes. Petos para diferenciarse los tres equipos. Dos porterías de F 11.

Desarrollo: El equipo defensor marcará al hombre o mixto. El equipo ofensivo realizará ataques combinativos estando obligado a realizar un mínimo de dos paredes antes de poder intentar el gol. Se deberá ofrecer una gran movilidad basada en constantes desmarques de apoyo y de ruptura. Los comodines (tercer equipo) colocados en los carriles laterales y por detrás de los defensores no podrán abandonar sus posiciones, ni finalizar los ataques (actuarán como receptores de las paredes), ni dar más de un toque al balón. El gol, que se marque precedido de una pared de cualquier tipo, valdrá doble. Cada cierto tiempo los grupos alternarán sus funciones. Se exigirá mantener un adecuado equilibrio ofensivo durante todo el ataque. El grupo ganador será el que consiga el mayor número de puntos en el tiempo total de la tarea.

EJERCICIO 5: Ejercicio para la mejora de la pared (6 contra 6 en un sistema de juego de 4-2).

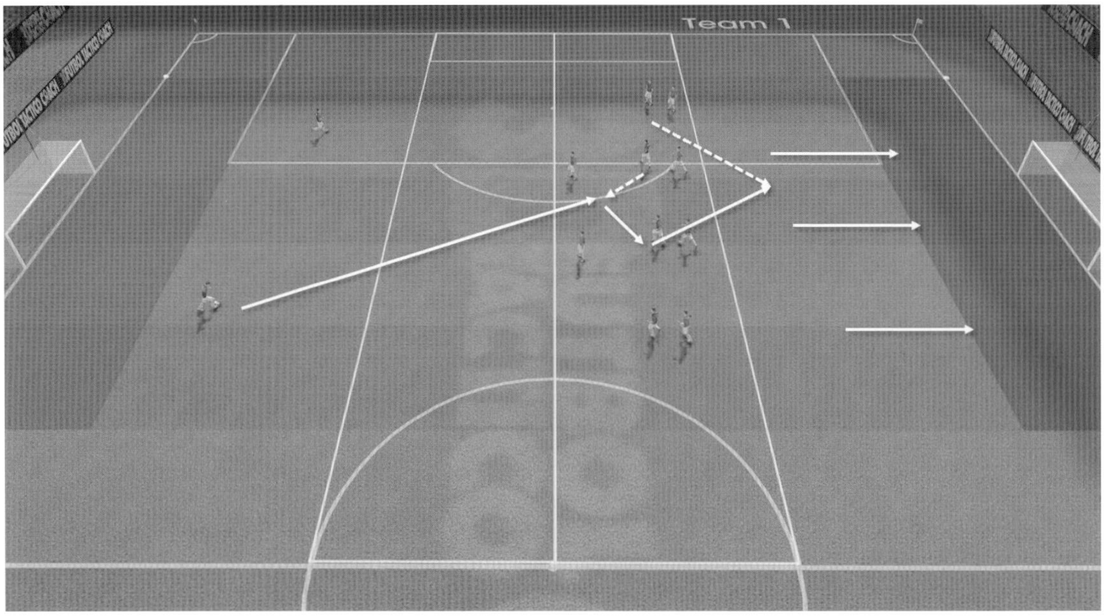

© 3D Fútbol Táctico Coach

Disposición: En un espacio de juego de 50 x 40 mts., se enfrentan dos grupos de seis jugadores en un sistema de juego de 4 - 2.

Conceptos tácticos ofensivos:

- Mejora de la realización de paredes clásicas, falsas y paredes iniciadas con finta de cualquier clase.
- Mejora de los desmarques de apoyo y de ruptura.
- Mejora de la eficacia en el mantenimiento de la posesión del balón.
- Mejora de la ocupación y aprovechamiento del espacio de juego.
- Poseer una gran movilidad en base a ayudas permanentes.
- Mejora de los cambios de orientación.
- Mejora de la velocidad en el juego.
- Mejora del ritmo en el juego.
- Mejora de la progresión en el juego.
- Mejora del equilibrio ofensivo.

Número máximo de toques: Libre pero imprimiendo la mayor velocidad al juego posible.

Material: Conos que marquen el espacio de juego, los posicionamientos y el medio campo. Balones suficientes. Petos para diferenciarse los equipos.

Desarrollo: Juegan seis contra seis en un sistema de juego de 4-2. El entrenador indicará al equipo defensivo el posicionamiento y establecerá una defensa zonal. El equipo ofensivo realizará ataques combinativos e intentará progresar y finalizar el ataque mediante las paredes ya citadas en el apartado de los conceptos tácticos. El gol será válido si el jugador en posesión del balón entra en conducción en la línea de fondo y, si viene precedido de una pared, valdrá doble. Se exigirá mantener un adecuado equilibrio ofensivo. El grupo ganador será el que más puntos haya logrado en el tiempo total de la tarea.

EJERCICIO 6: Ejercicio para la mejora de la pared
(6 contra 6 más portero en un sistema de juego de 1-3-3).

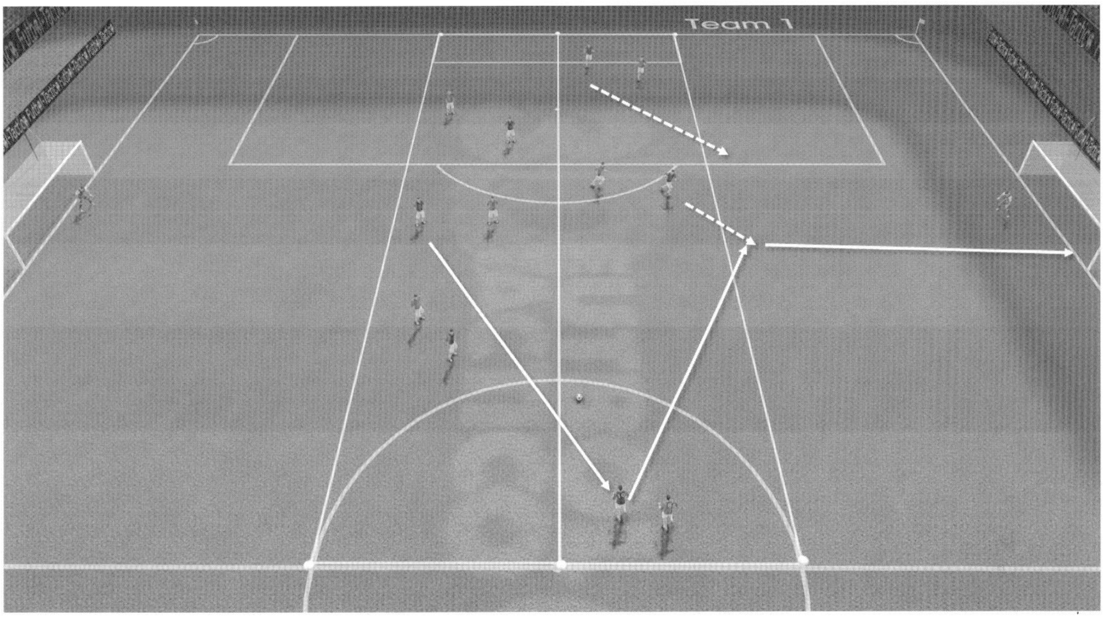

© 3D Fútbol Táctico Coach

Disposición: En un espacio de juego de 60 x 40 mts., se enfrentan dos grupos de seis jugadores más un portero, en un sistema de juego de 3 - 3.

Conceptos tácticos ofensivos:

- Mejora en la eficacia de la progresión en el juego mediante la realización de paredes simples de cualquier clase y dobles paredes en las zonas de banda.
- Mejora de la eficacia en el mantenimiento de la posesión del balón.
- Mejora de los desmarques de apoyo y de ruptura.
- Mejora de la amplitud ofensiva
- Mejora de los cambios de orientación.
- Mejora de los desdoblamientos.
- Mejora de la velocidad y precisión en el juego.
- Mejora del equilibrio ofensivo.
- Número de toques: Libre pero imprimiendo la mayor velocidad al juego posible.

Material: Conos que marquen el espacio de juego y los posicionamientos defensivos. Balones suficientes. Petos para diferenciarse los equipos. Porterías de F 11.

Desarrollo: Se enfrentan dos grupos de seis contra seis, en un sistema de juego de 3 - 3. El grupo defensivo se posicionará en repliegue o en intermedio y establecerá una organización defensiva zonal. El grupo ofensivo realizará ataques combinativos e intentará progresar y finalizar el ataque mediante las paredes simples y por la realización de dobles paredes de cualquier clase (ver clase de dobles paredes). La progresión y la finalización del ataque se podrán desarrollar por cualquier zona pero, en el caso de venir precedido de una pared de las tratadas, valdrá doble y, en el caso, de conseguirse mediante una doble pared, valdrá triple. Se exigirá mantener un adecuado equilibrio ofensivo. La tarea la ganará el grupo que más puntos haya sumado en el tiempo total del juego.

LOS DESDOBLAMIENTOS EN UN JUEGO PREDOMINANTEMENTE DE BANDAS: Ejercicios para la mejora de su eficacia

Es el principio táctico ofensivo que consiste en cubrir la espalda a los compañeros que en funciones ofensivas abandonan sus posiciones y progresan hacia la portería adversaria, buscando una colaboración más directa en las fases de creación y finalización de la ofensiva a desarrollar.
Es un principio táctico ofensivo que persigue que la realización de la ofensiva se desarrolle con seguridad, la ayuda a los compañeros y sobre todo, la ocupación racional del terreno de juego, manteniendo, en todo momento de la ofensiva, un adecuado equilibrio ofensivo.
Los equipos que basan su ofensiva, sobre todo, en ataques combinativos se les hace imprescindible el manejo de los desdoblamientos. Todos sabemos que con una organización ofensiva en la que posesión de balón es un factor fundamental, los equipos tienden a desorganizarse, para evitar estas situaciones se aplicarán constantes desdoblamientos, con el fin de no perder dicha organización ofensiva.

Los desdoblamientos se pueden clasificar en función de tres aspectos:

En función de su realización:

- Simples en los que participan dos jugadores que pueden ser de la misma línea (desdoblamientos horizontales) o de distinta línea (desdoblamientos verticales).
- Compuestos en los que participan tres jugadores pertenecientes a diferentes líneas horizontales y verticales.

En función del sentido en el que se realice el desdoblamiento:

- Desdoblamientos verticales o frontales en los que participan jugadores de distinta línea.
- Desdoblamientos horizontales o laterales en los que participan jugadores de una misma línea.

En función de la distancia que se realice el desdoblamiento:

- Cortos o directos son los que se producen entre componentes de la misma o de distinta línea, pero entre los jugadores más próximos al foco del ataque.
- Largos o indirectos son los que realizan los jugadores a una distancia considerable del foco del ataque.

EJERCICIO 1: Ejercicio para la mejora en la realización de los desdoblamientos simples, en sentido vertical y directo.

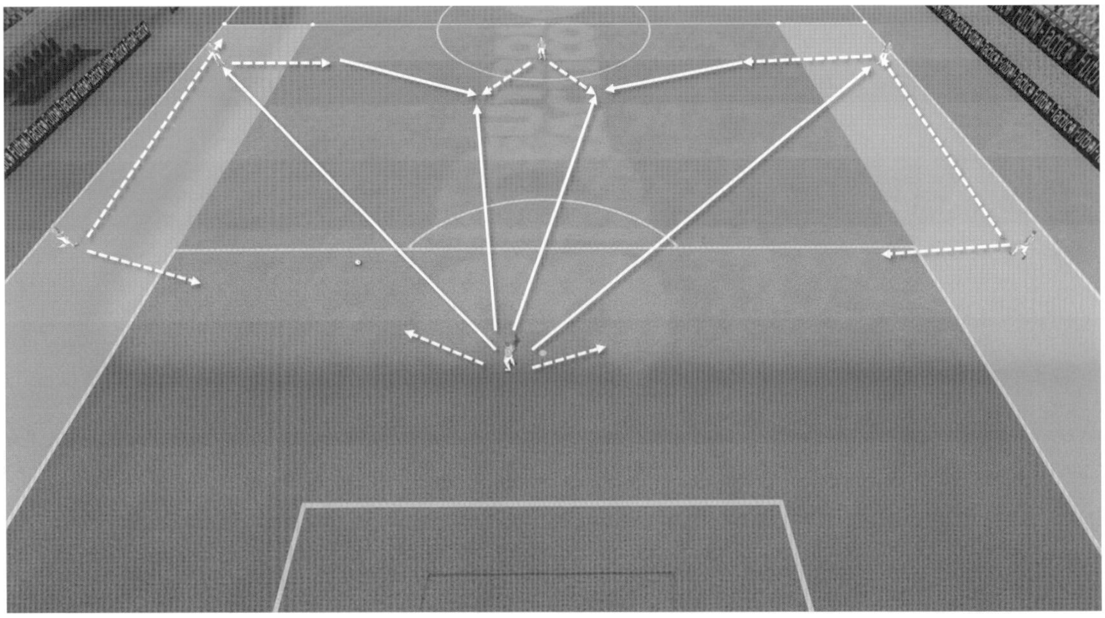

© 3D Fútbol Táctico Coach

Disposición: En varios espacios de juego de 30 x 50 mts, se establecen grupos de seis jugadores, en dos líneas de tres jugadores.

Conceptos tácticos ofensivos:

- Mejora de la eficacia en la realización de los desdoblamientos simples, en sentido vertical y directos.
- Conseguir una adecuada ocupación racional del espacio de juego (equilibrio ofensivo).
- Mejora de la posesión del balón, circulándolo de un pasillo lateral al otro con la mayor velocidad y precisión el juego posible.
- Mejora de la amplitud ofensiva continua y permanente (constante desocupación de la banda con balón y ocupación de la misma).
- Mejora de los cambios de orientación. Circular el balón constantemente de un pasillo lateral al otro.
- Temporización individual ofensiva, para dar tiempo al desmarque de ruptura del jugador de la línea posterior.
- Creación de la superioridad numérica en la zona y la línea del balón.
- Mejora de los desmarques de ruptura (apoyos en profundidad) de los jugadores de la línea más retrasada.

Material: Conos para marcar el espacio de juego, los pasillos laterales y las posiciones de partida de los jugadores. Balones suficientes para que la tarea no pierda dinamismo.

Desarrollo: Se manifestará una dinámica predominante del juego de bandas; para todo ello, se jugará con una constante desocupación de las bandas con balón y una, posterior, ocupación de las zonas laterales, se circulará, de forma continua el balón de un carril lateral al otro, desarrollando en esas zonas unas supuestas creaciones de superioridad numérica en la zona y la línea del balón. A toda esta dinámica en el juego se le debe ofrecer una seguridad y un reparto racional del espacio de juego mediante los desdoblamientos, en esta tarea, verticales (jugadores de distintas líneas) y directos (jugadores más próximos). Esta tarea puede ser incluida en el calentamiento específico del entrenamiento o partido.

EJERCICIO 2: Ejercicio para la mejora en la realización de los desdoblamientos simples, en sentido vertical.

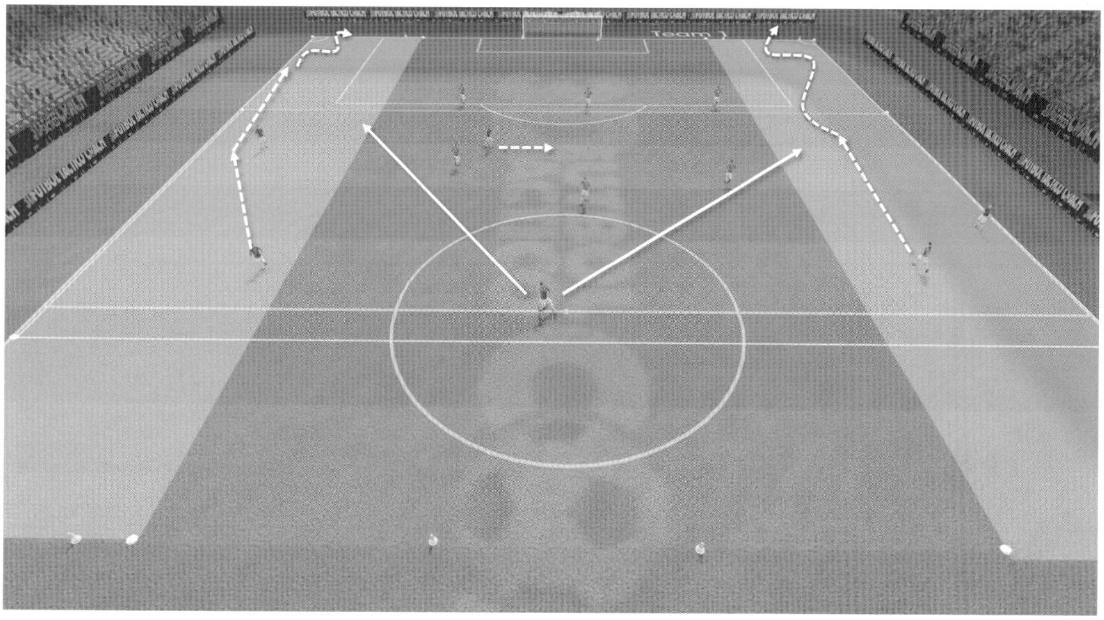

© 3D Fútbol Táctico Coach

Disposición: En dos espacios de juego de 60 x 40 mts, se enfrentan grupos de seis jugadores, en un sistema de juego de 3 - 3.

Conceptos tácticos ofensivos:

- Mejora de la eficacia en la realización de los desdoblamientos simples, en sentido vertical y directos.
- Mejora de la ocupación racional del espacio de juego.
- Como consecuencia del punto anterior, se facilita la mejora de la transición de ataque a defensa.
- Mejora de la posesión del balón, ofreciéndole al juego la mayor velocidad y precisión.
- Mejora de la amplitud ofensiva continua y permanente.
- Mejora de los cambios de orientación. Orientación constante del juego hacia los pasillos laterales.
- Temporización individual ofensiva, dar tiempo a que se produzca el desmarque de ruptura del lateral.
- Mejora de la creación de la superioridad numérica en la zona y la línea del balón (2 x 1; 3 x 2).
- Mejora de los desmarques de apoyo desde la banda hacia el interior de los jugadores exteriores de la línea más adelantada.
- Mejora de los desmarques de ruptura de los jugadores laterales de la línea más retrasada.

Material: Conos para marcar el espacio de juego, los carriles laterales y las porterías. Balones suficientes. Petos para diferenciarse ambos grupos.

Desarrollo: El grupo ofensivo realizará ataques combinativos, en los que se establecerá un juego predominantemente de bandas. Este grupo, manifestará en el juego una gran amplitud ofensiva y un mantenimiento de la misma y circulará el balón de un pasillo lateral al otro mediante continuos cambios de orientación. Los jugadores de banda de ambas líneas mantendrán una constante dinámica en el juego, consistente en: cuando el balón llegue a los jugadores de banda más adelantados, el más retrasado doblará al jugador más adelantado mediante un desmarque de ruptura y éste deberá efectuar un desdoblamiento simple en sentido vertical, es decir, le protegerá la espalda al jugador que lo dobló y, de esta forma, se intentará realizar el ataque con seguridad y mantener, en todo momento, una adecuada ocupación racional del espacio de juego. Se progresará y se finalizará el ataque por cualquier zona, pero si se obtiene el gol en una portería lateral después del desarrollo de las acciones tácticas mencionadas, éste tendrá un valor doble. El grupo defensor se posicionará en intermedio o en repliegue, defenderá en zonas, neutralizará las acciones ofensivas del rival e intentará recuperar la posesión del balón a la menor oportunidad.

EJERCICIO 3: Ejercicio para la mejora en la realización de los desdoblamientos simples, en sentido horizontal.

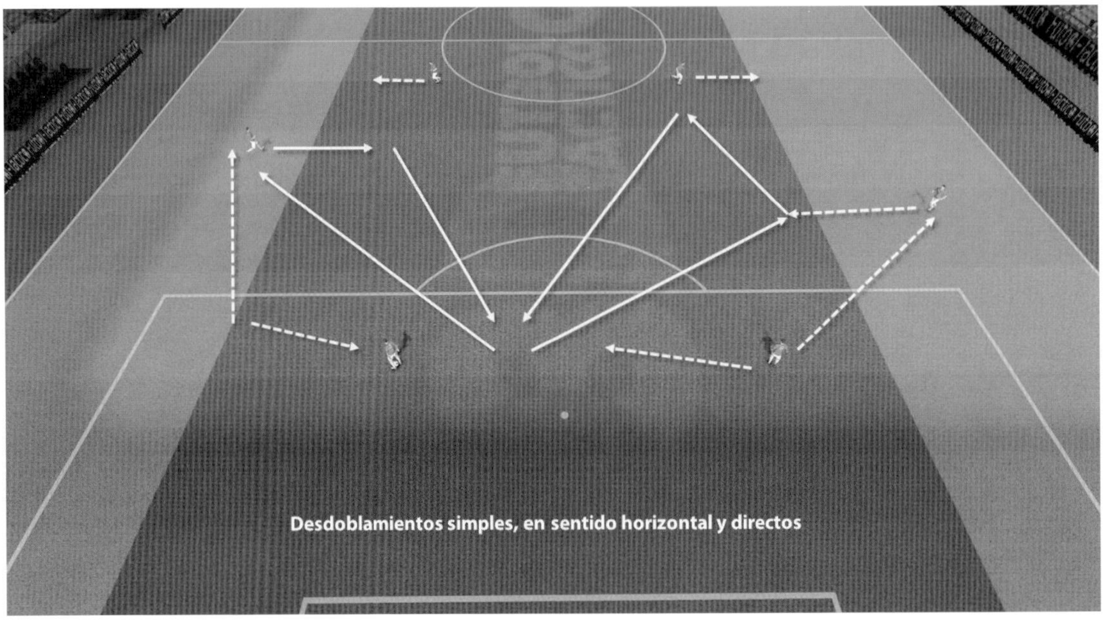

© 3D Fútbol Táctico Coach

Disposición: En varios espacios de juego de 30 x 50 mts, se forman grupos de seis jugadores, en un sistema de juego de 4 - 2.

Conceptos tácticos ofensivos:

- Mejora de la eficacia en la realización de los desdoblamientos simples, en sentido horizontal y directos.
- Mantener una ocupación racional del espacio de juego.
- Mejora de la posesión del balón, circulándolo de un pasillo lateral al otro con la adecuada coordinación entre la velocidad y precisión en el juego.
- Mejora de los cambios de orientación, mediante una circulación constante del balón de un pasillo lateral al otro.
- Mejora de las temporizaciones individuales.
- Mejora de supuestas creaciones de superioridad numérica en la zona del balón (2 x 1; 3 x 2) en zonas de banda.
- Mejora de los desmarques de ruptura (apoyos en profundidad) realizados desde el interior hacia la banda.
- Mejora de los desmarques de apoyo (apoyos de acercamiento) desde la banda hacia el interior.

Material: Conos para marcar el espacio de juego y los pasillos laterales. Balones suficientes para no perder dinamismo en la tarea.

Desarrollo: La tarea se desarrollará en base a evoluciones técnicas ofensivas sin finalización. Los jugadores circularán el balón de un carril lateral al otro (aplicación de cambios de orientación), con la mayor precisión y velocidad en el juego (utilización del menor número de toques al balón). Cuando los jugadores de banda, que actuarán con la máxima amplitud ofensiva, reciban el balón, los jugadores de la zona interior tendrán la obligación de crear una superioridad numérica en la zona del balón, mediante un desmarque de ruptura (apoyo en profundidad) efectuado por detrás del jugador de banda. A continuación, se cambiará la orientación del juego hacia el otro pasillo lateral. Los jugadores de banda después de realizar sus acciones, tendrán la obligación de efectuar un desdoblamiento horizontal, manteniendo, de esta forma, la organización ofensiva y la racionalidad en la ocupación del espacio de juego.

EJERCICIO 4: Ejercicio para la mejora en la realización de los desdoblamientos simples, en sentido horizontal (Superioridad numérica 8x4).

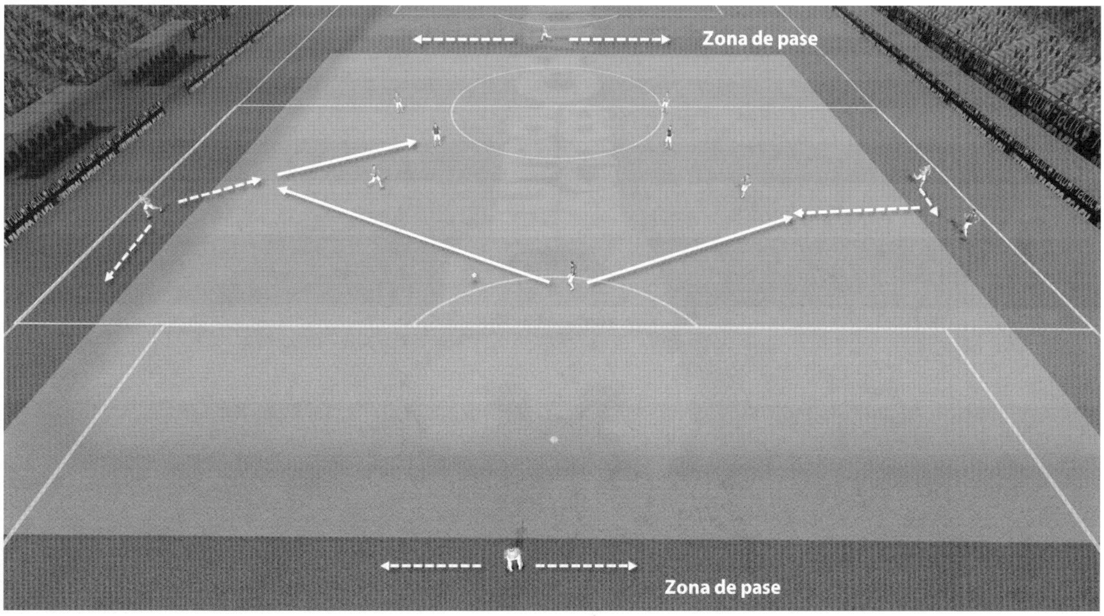

© 3D Fútbol Táctico Coach

Disposición: En un espacio de juego total de 40 x 30 mts, dentro del cual se establecen cuatro pasillos laterales de 5 mts y una zona desde la que está permitido el pase sobre los jugadores que ocupan los pasillos del fondo. Se enfrentan tres grupos de cuatro jugadores, dos ofensivos y uno defensivo, los cuales se disponen tal y como se ve en el gráfico.

Conceptos tácticos ofensivos:

- Mejora de la eficacia en la realización de los desdoblamientos simples, en sentido horizontal y directos.
- Mejora en la eficacia del mantenimiento de la posesión del balón.
- Mejora de la ocupación y aprovechamiento del espacio de juego.
- Descongestión de las zonas sobrecargadas de contrarios mediante cambios de orientación.
- Mejora de creaciones de superioridad numérica en la zona del balón (2 x 1; 3 x 2) en zonas de laterales.
- Mejora de los desmarques de ruptura (apoyos en profundidad) realizados desde el interior hacia la banda.

Número máximo de toques: Se juega con libertad de toques.

Material: Conos para marcar el espacio de juego, la zona desde donde están permitidos los pases sobre el jugador situado en el pasillo del fondo y los pasillos laterales, balones suficientes y petos para diferenciarse los tres grupos.

Desarrollo: La tarea se desarrolla en superioridad numérica de 8 contra 4 (4 x 4 4 exteriores). Los grupos atacantes, tendrán marcada la dirección del ataque (se establecerá sobre los jugadores que ocupan los pasillos del fondo), desarrollarán ataques combinativos orientados éstos hacia los pasillos laterales, en los cuales se intentará progresar mediante creaciones de superioridades numéricas (2 x 1; 3 x 2); estas acciones tendrán que estar protegidas por la aplicación de desdoblamientos simples en sentido horizontal. Los puntos se lograrán cuando se realice un pase sobre el jugador situado en la línea de fondo, desde la zona marcada para realizar los pases. Una vez logrado un punto, el ataque se desarrollará en dirección hacia el otro jugador colocado en la línea de fondo y así sucesivamente. Los defensores marcarán en zonas y podrán intervenir sobre todos los jugadores y cuando recuperen la posesión del balón alternarán sus funciones. Cada cierto tiempo, el grupo situado en los pasillos exteriores cambiará sus funciones con uno de los grupos que juega por la zona interior.

EJERCICIO 5: Ejercicio para la mejora en la realización de los desdoblamientos simples, en sentido vertical y directo (se establecerá un juego predominantemente de bandas, con los que intentará progresar y finalizar el ataque).

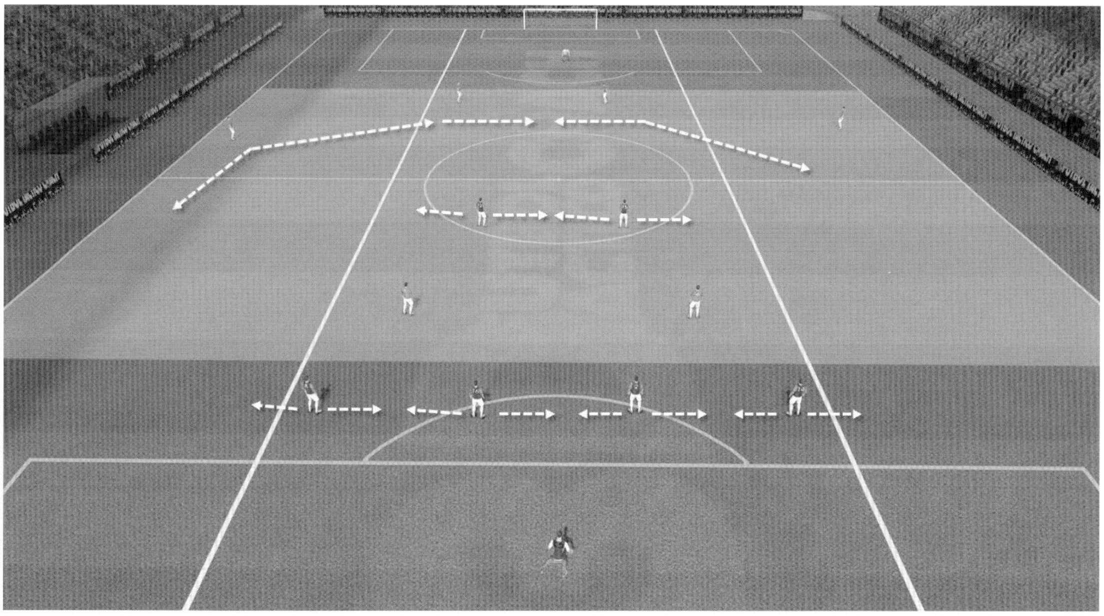

© 3D Fútbol Táctico Coach

Disposición: En dos espacios de juego de 60 x 50 mts, se enfrentan dos grupos de seis jugadores en un sistema de juego de 4 - 2.

Conceptos tácticos ofensivos:

- Mejora de la eficacia en la realización de los desdoblamientos simples, en sentido horizontal y directos.
- Mejora de la ocupación racional del espacio de juego.
- Como consecuencia del punto anterior, se facilita la mejora de la transición de ataque a defensa.
- Mejora de la posesión del balón, ofreciéndole al juego la mayor velocidad y precisión.
- Mejora de la amplitud ofensiva permanente (desocupación y ocupación continua de las bandas).
- Mejora de los cambios de orientación. Orientación constante del juego hacia las bandas.
- Mejora de la creación de la superioridad numérica en la zona del balón.
- Mejora de los desmarques de ruptura realizados desde el interior hacia la banda.

Material: Conos para marcar el espacio de juego, el posicionamiento defensivo, los carriles laterales y las porterías. Balones suficientes. Petos para diferenciarse ambos grupos.

Desarrollo: El grupo atacante desarrollará ataques combinativos, en el que se establecerá un juego predominantemente de bandas, con los que intentará progresar y finalizar el ataque. Para todo ello, los jugadores de banda se situarán en función de la posición del balón, actuarán con amplitud y se aplicarán continuos cambios de orientación. Una vez que el balón se encuentre en las zonas laterales y que los jugadores que ocupan los pasillos laterales los abandonen con o sin balón, los jugadores de zona interior, siempre que puedan, doblarán al jugador de banda y, como consecuencia, será necesario aplicar desdoblamientos simples, en sentido horizontal y directos, con el objetivo de dar seguridad al ataque, racionalizar el espacio de juego y no perder la organización ofensiva. La progresión y finalización en el ataque se podrá desarrollar por cualquier zona, pero el gol logrado en acciones procedentes de banda, tendrá un valor doble. El grupo defensor se posicionará en repliegue o en intermedio, manifestará una defensa zonal, neutralizará las acciones ofensivas y recuperará el balón a la menor oportunidad.

EJERCICIO 6: Ejercicio para la mejora en la realización de los desdoblamientos compuestos e indirectos.

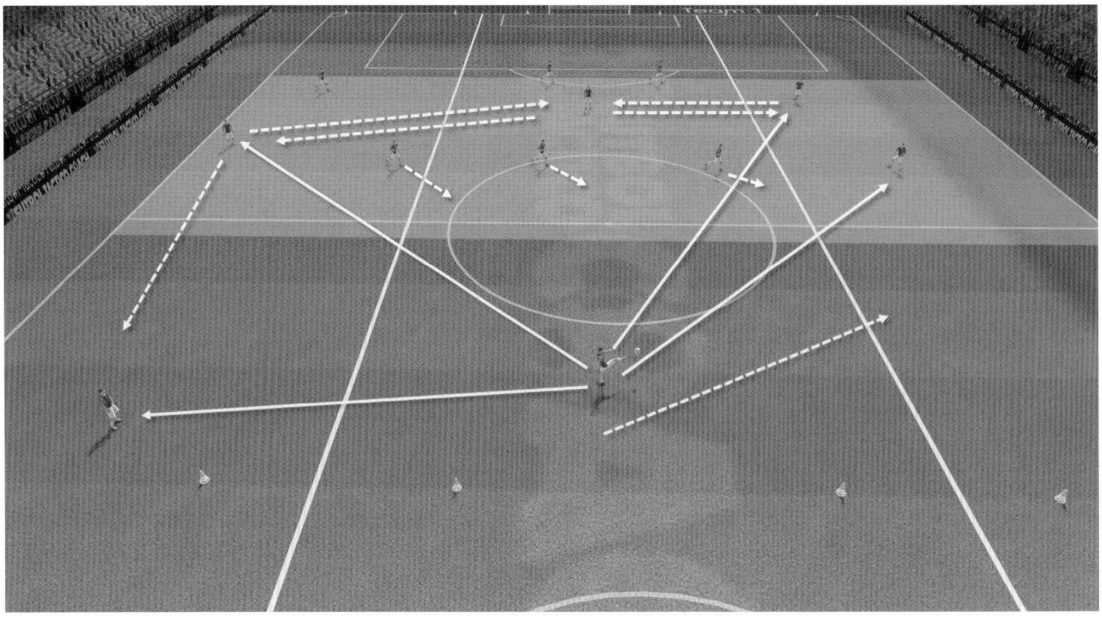

© 3D Fútbol Táctico Coach

Disposición: En dos espacios de juego de 60 x 45 mts, se enfrentan dos grupos de seis jugadores más un comodín ofensivo. El grupo ofensivo jugará en superioridad numérica debido a la presencia del comodín y actuará en un sistema de juego de 3 - 1 - 3, mientras que el grupo defensivo jugará en un sistema de juego de 3 - 3.

Conceptos tácticos ofensivos:

- Mejora de la eficacia en la realización de los desdoblamientos compuestos e indirectos.
- Mejora de la ocupación racional del espacio de juego.
- Mejora de la transición de ataque a defensa.
- Mejora de la posesión del balón, manifestando en el juego la mayor velocidad y precisión.
- Mejora de la amplitud ofensiva permanente (desocupación con o sin balón y ocupación de las bandas).
- Mejora de los cambios de orientación. Orientación continua del juego hacia los pasillos laterales.
- Mejora de la creación de la superioridad numérica en la zona y la línea del balón.
- Mejora de los desmarques de ruptura de los jugadores de una línea más retrasada.

Material: Conos para marcar el espacio de juego, los posicionamientos defensivos, los carriles laterales y las porterías. Balones suficientes. Petos para diferenciarse los grupos y el comodín.

Desarrollo: El grupo atacante desarrollará ataques combinativos, estableciendo un juego predominantemente de bandas. Para ello, se jugará con las mismas acciones tácticas manifestadas en las tareas anteriores. Al ataque será obligatorio darle seguridad y racionalidad en la ocupación del espacio de juego mediante desdoblamientos compuestos e indirectos. En esta tarea manifestaremos el desarrollo del desdoblamiento compuesto realizado por el jugador que ocupe la posición de medio centro (comodín). El entrenador en cualquier momento, podrá interrumpir el ataque, ese momento, será la indicación de que los atacantes regresen a posiciones defensivas. El grupo atacante podrá progresar y finalizar el ataque por cualquier zona, pero, en el caso de que se logre el gol en una de las porterías laterales, valdrá doble. El grupo defensor tendrá la misma dinámica en el juego que el manifestado en las tareas anteriores.

CREACIÓN, OCUPACIÓN Y APROVECHAMIENTO DE LOS ESPACIOS LIBRES: Ejercicios para la mejora de su eficacia

Los espacios libres son aquellas zonas del terreno de juego que se encuentran libres de adversarios, en las que el equipo atacante tratará de explotar para evolucionar y progresar en el juego y así sorprender al contrario. Se puede decir que el aprovechamiento de los espacios libres supone las vías de progresión en el ataque hacia la portería contraria.

Durante el transcurso de un partido puede ocurrir que un espacio sea creado, ocupado y no ser aprovechado al escoger el poseedor del balón una situación más favorable para el equipo. El aprovechamiento del espacio libre va a depender del talento e inteligencia del jugador que posee el balón. Este deberá poseer una adecuada visión del juego, una buena calidad en la toma de decisiones y un buen dominio en la ejecución de los pases.

EJERCICIO 1: Ejercicio para la mejora de la creación, ocupación y aprovechamiento de los espacios libres desarrollados por un mismo jugador.

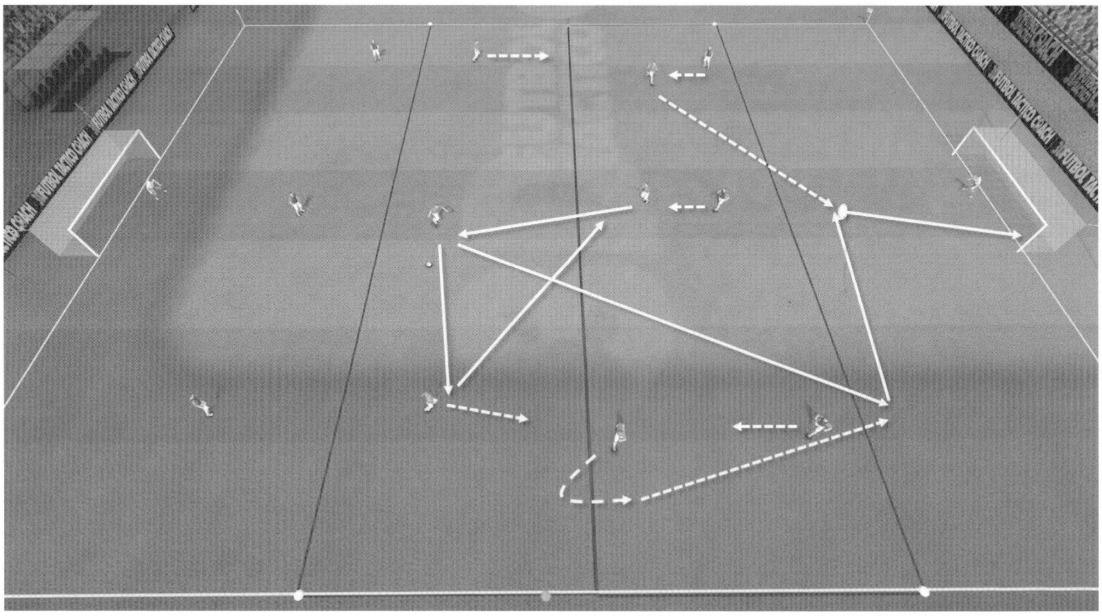

© 3D Fútbol Táctico Coach

Disposición: En un espacio de juego de 60 x 40 mts, se enfrentan dos grupos de seis jugadores y un portero. Los atacantes juega en un sistema de 3 - 3, mientras que, los defensores en una línea de 3 jugadores debido a que la línea más adelantada no participa en la fase defensiva.

Conceptos tácticos ofensivos:

- Mejora de la creación, ocupación y aprovechamiento de los espacios libres desarrollados por un mismo jugador.
- Mejora de los desmarques de apoyo y de ruptura.
- Actuar con amplitud ofensiva.
- Poseer una gran movilidad en base a ayudas permanentes.
- Mejora de la velocidad en el juego.
- Mejora de la progresión en el juego.
- Mejora del equilibrio ofensivo.

Número de toques: Libre pero imprimiendo la mayor velocidad al juego posible.

Material: Conos que marquen el espacio de juego, los posicionamientos defensivos y el medio campo. Balones suficientes. Petos para diferenciarse los grupos. Porterías de F 11 o F 7.

Desarrollo: Juegan dos grupos de seis jugadores más un portero. El grupo defensor juega en inferioridad numérica (6 contra 3) al no actuar la línea más adelantada en la fase defensiva. Este grupo se posicionará en repliegue y marcará al hombre. El grupo atacante realizará ataques combinativos, la línea de puntas será marcada al hombre, mientras que sobre la línea más retrasada no se ejercerá ningún tipo de marcaje, pero, esta línea no podrá ni avanzar su posición, ni finalizar los ataques, tan solo actuará de pasadores sobre la línea de puntas. La línea de puntas combinará los desmarques de apoyo y de ruptura: todo ello, con el fin de arrastrar a sus marcadores y crearse los espacios libres a la espalda de sus defensores y, posteriormente, ser ocupados y aprovechados por ellos mismos. El grupo defensor cuando recupere el balón seguirá la misma dinámica ofensiva mencionada anteriormente. En todos los ataques se mantendrá un adecuado equilibrio ofensivo (ocupación racional de las zonas de finalización y de rechace).

EJERCICIO 2: Ejercicio para la mejora de la creación, ocupación y aprovechamiento de los espacios libres desarrollado por jugadores de distintas líneas.

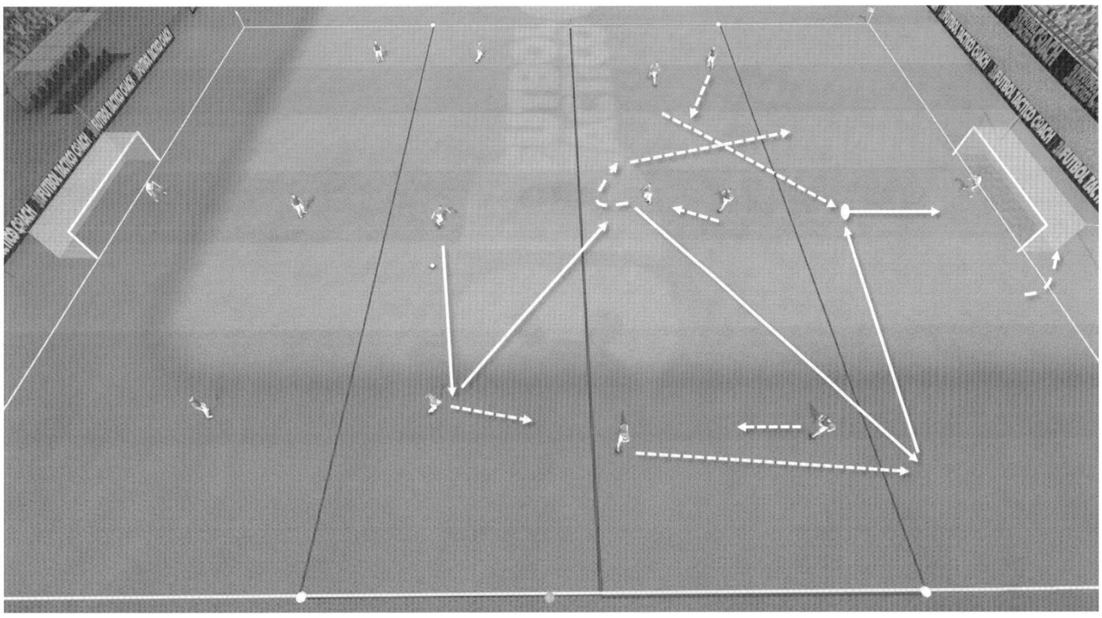

© 3D Fútbol Táctico Coach

Disposición: En un espacio de juego de 60 x 45 mts, se enfrentan dos grupos de seis jugadores y un portero, en un sistema de juego de 3 - 3.

Conceptos tácticos ofensivos:

- Mejora de la creación, ocupación y aprovechamiento de los espacios libres desarrollado por jugadores de distintas líneas.
- Mejora de los desmarques de apoyo y de ruptura.
- Actuar con amplitud ofensiva.
- Mejora de los desdoblamientos simples (exterior y lateral).
- Poseer una gran movilidad en base a ayudas permanentes.
- Mejora de los cambios de orientación.
- Mejora de la velocidad en el juego.
- Mejora de la progresión en el juego.
- Mejora del equilibrio ofensivo (ocupación racional de las zonas de finalización y de rechace).

Número de toques: Libre pero imprimiendo la mayor velocidad al juego posible.

Material: Conos que marquen el espacio de juego, los posicionamientos defensivos y el medio campo. Balones suficientes. Petos para diferenciarse los grupos. Porterías de F 11 o F 7.

Desarrollo: Juegan dos equipos de seis jugadores más un portero, en un sistema de juego de 3 - 3. El grupo defensor se posicionará en repliegue y marcará al hombre. El grupo atacante realizará ataques combinativos, en los cuales se actuará con amplitud, se circulará el balón de una zona lateral a la otra y los exteriores mantendrán una constante desocupación, con o sin balón, de los pasillos laterales, creando el consiguiente espacio libre, el cual deberá ser ocupado y aprovechado por el lateral (jugador de una línea posterior). Todas estas acciones deberán desarrollarse con el consiguiente desdoblamiento frontal (exterior – lateral). Cuando el grupo defensor recupere la posesión del balón seguirá la misma dinámica ofensiva planteada anteriormente. En todos los ataques se mantendrá un adecuado equilibrio ofensivo.

EJERCICIO 3: Ejercicio para la mejora de la creación, ocupación y aprovechamiento de los espacios libres, en función de las circunstancias del juego.

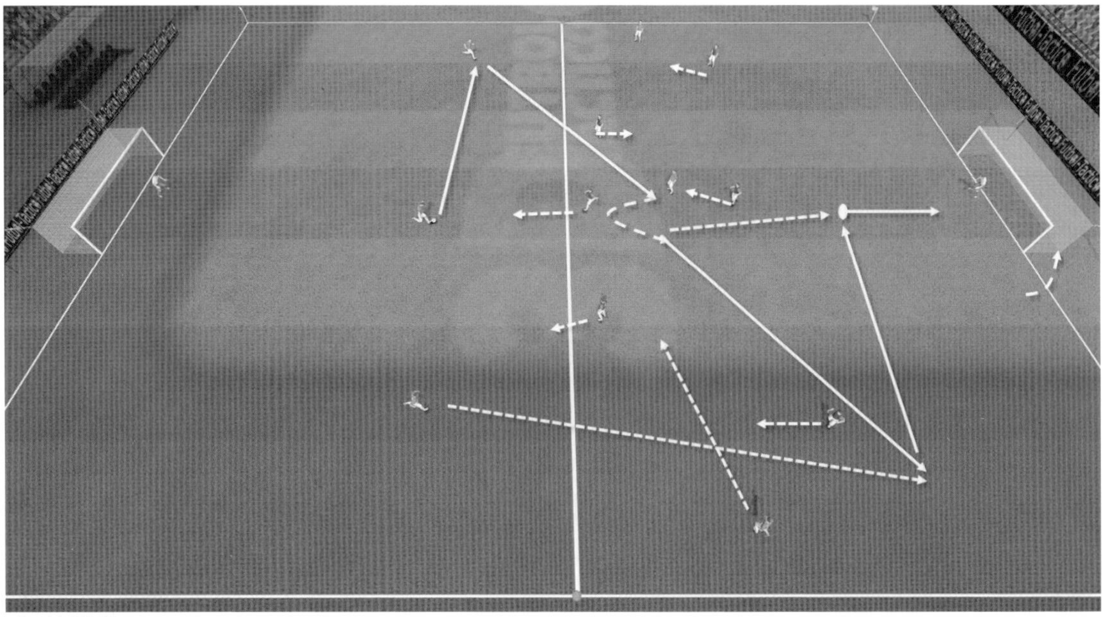

© 3D Fútbol Táctico Coach

Disposición: En un espacio de juego de 60 x 45 mts, se enfrentan dos grupos de seis jugadores y un portero, en un sistema de juego de 3 - 3.

Conceptos tácticos ofensivos:

- Mejora de la creación, ocupación y aprovechamiento de los espacios libres, en función de las circunstancias del juego.
- Mejora de los desmarques de apoyo y de ruptura.
- Actuar con amplitud ofensiva.
- Mejora de los desdoblamientos simples.
- Poseer una gran movilidad en base a ayudas permanentes.
- Mejora de los cambios de orientación.
- Mejora de la velocidad en el juego.
- Mejora de la progresión en el juego.
- Mejora del equilibrio ofensivo.

Número de toques: Libre pero imprimiendo la mayor velocidad al juego posible.

Material: Conos que marquen el espacio de juego, los posicionamientos defensivos y el medio campo. Balones suficientes. Petos para diferenciarse los equipos. Porterías de F 11 o F 7.

Desarrollo: Juegan dos grupos de seis jugadores más un portero, en un sistema de juego de 3 - 3. El grupo defensor, al igual que en las tareas anteriores, se posicionará en repliegue y marcará al hombre. El grupo atacante desarrollará ataques combinativos, en los cuales se actuará con amplitud, se circulará el balón de un carril lateral al otro y se deberá de crear espacios libres para progresar y finalizar los ataques; para todo ello, utilizará cualquiera de las formas entrenadas en las tareas anteriores. En esta tarea se obligará a los atacantes a interpretar las distintas situaciones del juego y, de esta forma, utilizar el tipo más conveniente de creación, ocupación y aprovechamiento de los espacios libres. El grupo defensor cuando recupere la posesión del balón, desarrollará la misma dinámica ofensiva citada anteriormente. Durante todo el ataque se deberá mantener un adecuado equilibrio ofensivo.

EJERCICIO 4: Ejercicio para la mejora de la creación, ocupación y aprovechamiento de los espacios libres en las zonas laterales cuando el rival defiende en zonas en un bloque muy compacto.

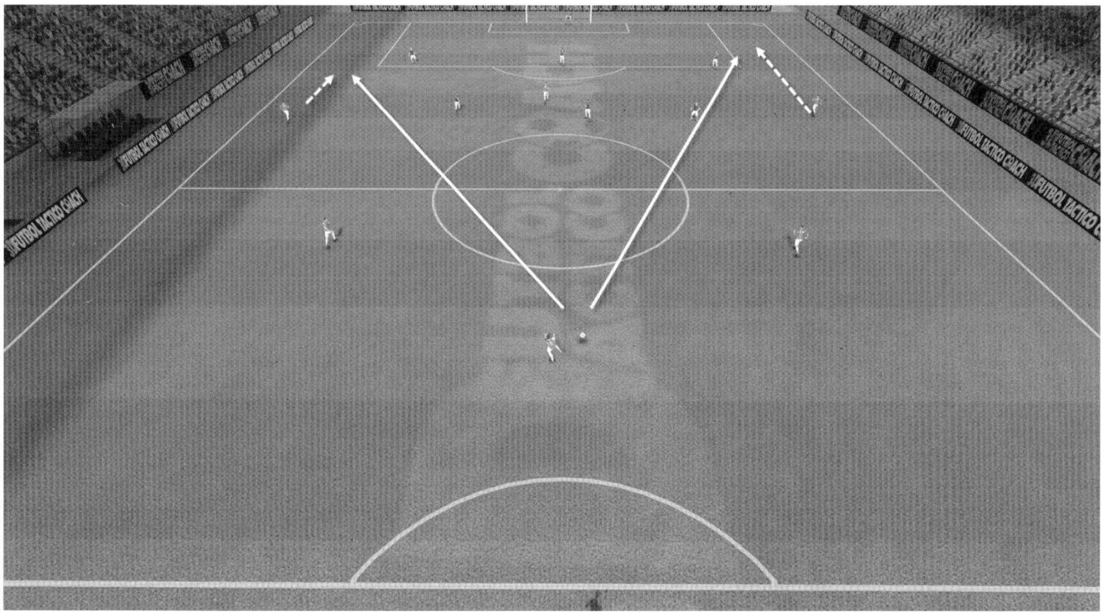

© 3D Fútbol Táctico Coach

Disposición: En un terreno de juego de 60 x 50 mts, se enfrentan dos grupos de seis jugadores y un portero, en un sistema de juego de 3 - 3.

Conceptos tácticos ofensivos:

- Mejora de la creación, ocupación y aprovechamiento de los espacios libres en las zonas laterales cuando el rival defiende en zonas en un bloque muy compacto (explotación de las zonas pasivas defensivas).
- Mejora de los desmarques de apoyo y de ruptura.
- Mejora de la amplitud ofensiva.
- Poseer una gran movilidad en base a ayudas permanentes.
- Mejora de los cambios de orientación.
- Mejora de la velocidad en el juego.
- Mejora de la progresión en el juego.
- Mejora del equilibrio ofensivo.

Número de toques: Libre pero imprimiendo la mayor velocidad al juego posible.

Material: Conos que marquen el espacio de juego, los posicionamientos defensivos y el medio campo. Balones suficientes. Petos para diferenciarse los equipos. Porterías reglamentarias de F 11 o F 7.

Desarrollo: La tarea se realiza en base a acciones conjuntas con continuidad y finalización. Ambos equipos juegan en un sistema de juego de 3 - 3. El grupo defensor se posicionará en repliegue y establecerá una organización defensiva zonal, dentro de la cual mantendrá un bloque muy compacto (distancias laterales y verticales estrechas) en la zona del balón. El grupo ofensivo desarrollará ataques combinativos y, para ello, jugará con amplitud y circulará el balón de un carril lateral al otro con la suficiente velocidad; con ello se obligará a los defensores a realizar basculaciones horizontales y, de esta forma, establecerle las zonas pasivas defensivas. La creación del espacio libre se producirá en los pasillos laterales, los cuales serán aprovechados mediante cambios de orientación efectuados desde el carril central y desmarques de ruptura de los jugadores de banda. Los defensores cuando recuperen la posesión del balón desarrollarán el mismo tipo de ataque ya descripto. Durante todo el ataque se mantendrá un adecuado equilibrio ofensivo.

EJERCICIO 5: Ejercicio para la mejora de la creación, ocupación y aprovechamiento de los espacios libres, explotando las zonas pasivas defensivas.

Disposición: En un terreno de juego de 60 x 50 mts, se enfrentan dos grupos de seis jugadores y un portero, en un sistema de juego de 4 - 2.

Conceptos tácticos ofensivos:

- Mejora de la creación, ocupación y aprovechamiento de los espacios libres, explotando las zonas pasivas defensivas que, en este caso, las provocaremos en el lateral opuesto a la posición del balón.
- Mejora de los desmarques de apoyo y de ruptura.
- Mejora de la amplitud ofensiva.
- Poseer una gran movilidad en base a ayudas permanentes.
- Mejora de los cambios de orientación.
- Mejora de la velocidad en el juego.
- Mejora del equilibrio ofensivo.

Número de toques: Libre pero imprimiendo la mayor velocidad al juego posible.

Material: Conos que marquen el espacio de juego, los posicionamientos defensivos y el medio campo. Balones suficientes. Petos para diferenciarse los grupos. Porterías reglamentarias de F11 o F7.

Desarrollo: La tarea se realiza en base a acciones conjuntas con continuidad y finalización. Ambos grupos juegan en un sistema de juego de 4 - 2. El grupo defensor se posicionará en repliegue, establecerá una organización defensiva zonal y se actuará en un bloque compacto (reducción de las distancias laterales y verticales). El grupo ofensivo desarrollará ataques combinativos y, para ello, jugará con amplitud y circulará el balón de un carril lateral al otro con la suficiente velocidad; con ello se obligará a los defensores a realizar basculaciones horizontales, para crear el espacio libre en el lateral contrario a la posición del balón (zona pasiva defensiva) y poder aprovecharlo mediante cambios de orientación que, en este caso, se realizarán de una zona lateral a la otra. El grupo defensor cuando recupere la posesión del balón, desarrollará ataques con los mismos condicionantes anteriormente mencionados. Se mantendrá un adecuado equilibrio ofensivo.

EJERCICIO 6: Ejercicio para la mejora de la creación, ocupación y aprovechamiento de los espacios libres, explotando los espacios libres creados por detrás de la línea de defensas, mediante pases interiores.

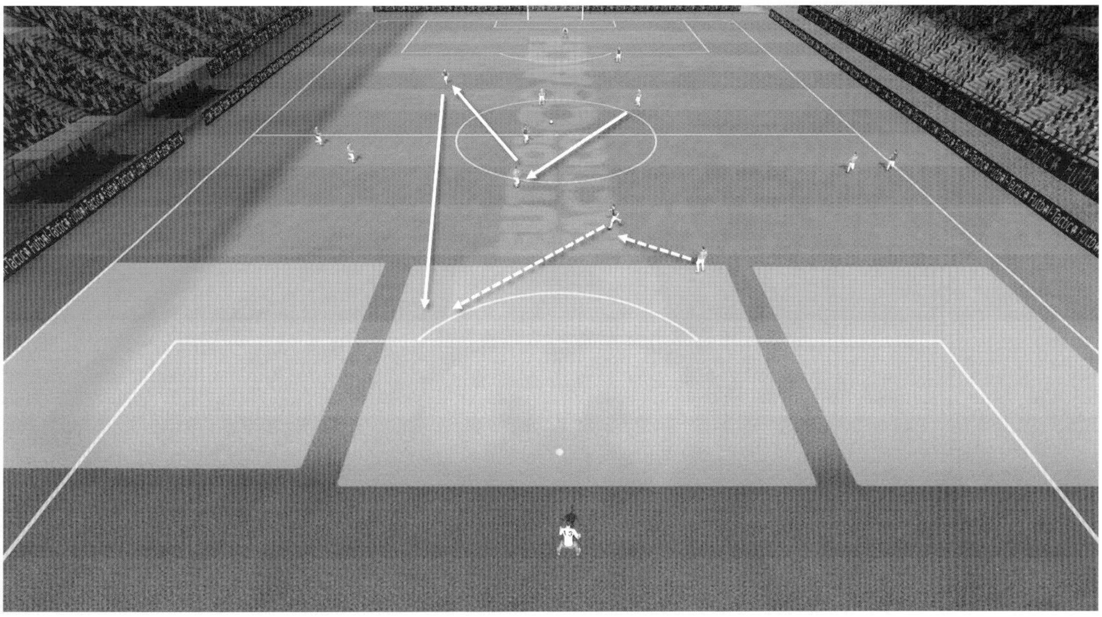

© 3D Fútbol Táctico Coach

Disposición: En un terreno de juego de 60 x 50 mts, se enfrentan dos grupos de seis jugadores y un portero, en un sistema de juego de 4 - 2.

Conceptos tácticos ofensivos:

- Mejora de la creación, ocupación y aprovechamiento de los espacios libres, explotando los espacios libres creados por detrás de la línea de defensas, mediante pases interiores.
- Mejora de los desmarques de apoyo y de ruptura.
- Mejora de la amplitud ofensiva.
- Poseer una gran movilidad en base a ayudas permanentes.
- Mejora de los cambios de orientación.
- Mejora de la velocidad en el juego.
- Mejora del equilibrio ofensivo.

Número de toques: Libre pero imprimiendo la mayor velocidad al juego posible.

Material: Conos que marquen el espacio de juego, los posicionamientos defensivos y el medio campo. Balones suficientes. Petos para diferenciarse los grupos. Porterías reglamentarias de F11 o F7.

Desarrollo: La tarea se realiza en base a acciones conjuntas con continuidad y finalización. Ambos grupos juegan en un sistema de juego de 4 - 2. El grupo defensor se posicionará en intermedio y establecerá una defensa zonal, pero, se tendrá muy en cuenta la referencia del adversario. Con todo ello, si el grupo atacante juega con amplitud y los defensores toman una referencia importante sobre los rivales, la consecuencia será que las distancias laterales entre compañeros de la misma línea serán amplias. El grupo ofensivo desarrollará ataques combinativos y, para ello, jugará con amplitud y circulará el balón de un carril lateral al otro con la suficiente velocidad. Este grupo intentará explotar el espacio libre creado por detrás de la línea de defensas, mediante pases interiores entre los defensores y los desmarques de ruptura de los jugadores más adelantados. Cuando el grupo defensor recupere la posesión del balón, establecerá la misma dinámica ofensiva ya descripta. Durante todo el ataque se mantendrá un adecuado equilibrio ofensivo.

LA POSESIÓN DEL BALÓN CON FINALIZACIÓN:
Ejercicios para la mejora de su eficacia

El juego del fútbol está marcado por una dinámica constante con dos fases del juego totalmente diferenciadas:

- Equipo en posesión del balón, desarrollo de la fase ofensiva.
- Equipo sin posesión del balón, desarrollo de la fase defensiva.

La posesión del balón se puede definir como la capacidad que posee un equipo o los jugadores de un equipo en mantener el balón en su poder y, de esta forma, organizar la ofensiva (ataque combinativo) más conveniente; todo ello, a pesar de la oposición y presión que ejerce el adversario.

La posesión del balón es el argumento fundamental en el desarrollo de la ofensiva basada en los ataques combinativos e, incluso se puede decir, que en los contraataques realizados de forma elaborada y programada, éstos dependen fundamentalmente en un alto grado de la capacidad que posean sus jugadores del concepto táctico de la posesión del balón. Todos sabemos que este tipo de contraataque suele basarse en llegar a la portería adversaria en 5 ó 6 pases, pero, para ello, se necesita una breve posesión del balón, pero muy veloz y muy precisa, esto no sería posible si no se domina este concepto táctico.

EJERCICIO 1: Ejercicio para la mejora de la posesión de balón con finalización (Los atacantes mantendrán la posesión del balón, circulándolo por todo el espacio de juego hasta encontrar el momento adecuado para progresar y finalizar el ataque).

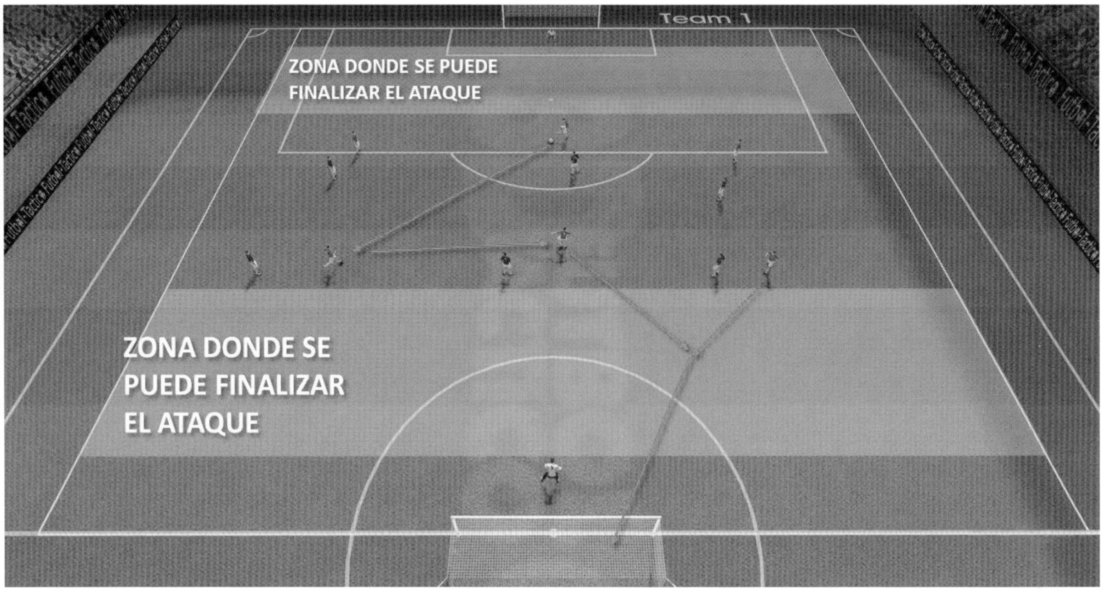

© 3D Fútbol Táctico Coach

Disposición: En un terreno de juego de 60 x 40 mts. se disponen dos grupos de seis jugadores cada uno, en un sistema de 3- 3. Se habilitarán dos zonas desde las que se podrán finalizar los ataques.

Conceptos tácticos ofensivos:

- Mejora de la eficacia en el mantenimiento de la posesión del balón.
- Mejora de la ocupación y aprovechamiento del espacio de juego.
- Mejora de la amplitud y profundidad ofensiva (ampliación del espacio a lo ancho y a lo largo).
- Mejora de los desmarques de apoyo y de ruptura (constante creación de líneas de pase al poseedor del balón).
- Mejora de las ayudas permanentes (ofrecer en todo momento al poseedor del balón soluciones favorables y eficaces).
- Mejora de los cambios de orientación (descongestión de contrarios en la zona del balón).
- Mejora de la coordinación entre la velocidad y precisión en el juego.

Acciones técnicas ofensivas:

- Mejora de los controles clásicos y orientados.
- Mejora de los pases cortos, medios y largos.
- Mejora de las acciones que se producen en situaciones de 1 contra 1.

Número de toques: Libre pero evitando las retenciones inútiles del balón.

Material: Conos que marquen las zonas de juego. Balones suficientes. Petos para diferenciarse los grupos y los comodines.

Desarrollo: La tarea se realiza mediante acciones conjuntas con continuidad y sin finalización. El grupo defensor manifestará una organización defensiva zonal, limitará el mayor número de líneas de pase e intentará recuperar el balón en el menor tiempo posible. Este grupo no podrá defender más allá de la línea que marca desde donde se puede finalizar el ataque, a excepción de cuando se tenga que neutralizar algún desmarque de ruptura de algún contrario. El grupo atacante tendrá marcada un sistema de dirección de ataque y defensa, intentará mantener el máximo tiempo posible la posesión del balón; para ello, este grupo manifestará una gran movilidad, mediante continuos desmarques de apoyo y de ruptura. Los atacantes mantendrán la posesión del balón, circulándolo por todo el espacio de juego hasta encontrar el momento adecuado para progresar y finalizar el ataque. Esta finalización se producirá mediante un pase sobre el desmarque de ruptura de un compañero y éste, para lograr el punto, deberá entrar en conducción en la línea de fondo. Se jugará con la regla de fuera de juego. El grupo ganador será el que más puntos haya logrado en el tiempo total de la tarea.

EJERCICIO 2: Ejercicio para la mejora de la posesión de balón con finalización (En la zona de finalización, a partir de cumplirse el cuarto pase, los jugadores efectuarán continuos desmarques de ruptura con el fin de recibir el pase desde la otra zona y finalizar con tiro).

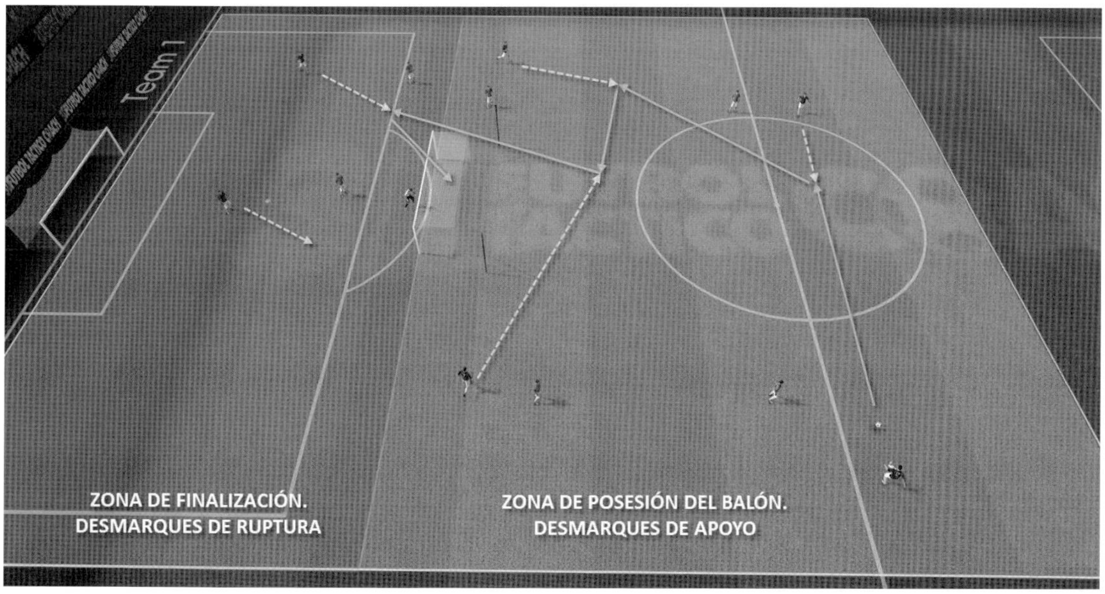

© 3D Fútbol Táctico Coach

Disposición: En un espacio total de 60 x 30 mts, el cual se divide en dos zonas desiguales: una zona de posesión del balón de 40 x 30 mts y otra zona de finalización 20 x 30 ms. Se enfrentan dos grupos de seis jugadores más dos porteros (4 en la zona de posesión del balón y 2 en la zona de finalización).

Conceptos tácticos ofensivos:

- Mejora de la eficacia en el mantenimiento de la posesión del balón.
- Mejora de la ocupación y aprovechamiento del espacio de juego.
- Mejora de los desmarques de apoyo y de ruptura.
- Mejora de las ayudas permanentes al poseedor del balón.
- Mejora de la velocidad en el juego ajustada a la precisión en el mismo.
- Mejora del ritmo en el juego.

Acciones técnicas ofensivas:

- Mejora de los controles clásicos y orientados.
- Mejora de los pases cortos, medios y, en ocasiones, largos.
- Mejora de las acciones de 1 contra 1 que se pueden dar durante el juego.
- Mejora del tiro, generalmente, de procedencia frontal.

Número de toques: Libre pero imprimiendo la mayor velocidad al juego posible.

Material: Conos que marquen las zonas de juego. Balones suficientes. Petos para diferenciarse los grupos. Una portería reglamentaria.

Desarrollo: La tarea se desarrolla mediante acciones conjuntas con continuidad y finalización. El grupo atacante inicia el juego en la zona de posesión del balón, en la cual se realizarán continuos desmarques de apoyo con el objetivo de darle soluciones favorables y eficaces al poseedor del balón. En esta zona se tendrá que efectuar un mínimo de cuatro pases para poder pasar a la zona de finalización. En la zona de finalización, a partir de cumplirse el cuarto pase, los jugadores efectuarán continuos desmarques de ruptura con el fin de recibir el pase desde la otra zona y finalizar con tiro. El grupo atacante por cada gol logrado se anotará un punto. Los grupos alternarán sus funciones en ambas zonas después de cada finalización del ataque. Todos los jugadores deberán pasar por las dos zonas. La tarea la ganará el grupo que haya logrado más puntos en el tiempo total de la tarea.

EJERCICIO 3: Ejercicio para la mejora de la posesión de balón con finalización (se enfrentan 3 grupos de 4 jugadores más 2 porteros).

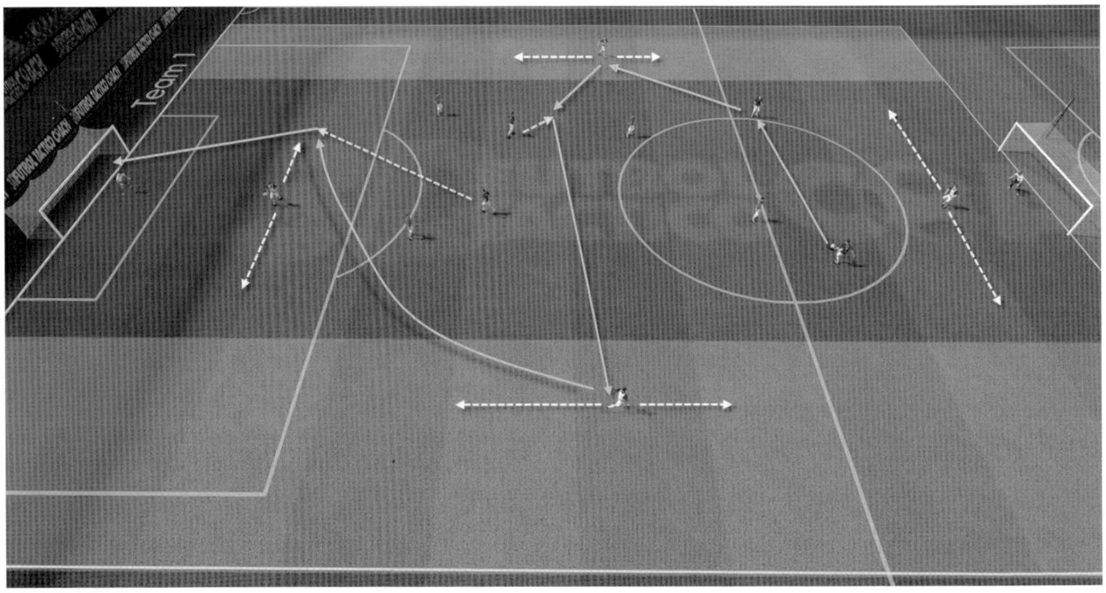

© 3D Fútbol Táctico Coach

Disposición: En un espacio de juego de 60 x 40 ms, se enfrentan tres grupos de cuatro jugadores más dos porteros. Los grupos se dispondrán de la siguiente forma: los grupos atacantes y defensores jugarán en el interior del espacio de juego y el grupo de comodines ofensivos, dos ocuparán los pasillos laterales y los otros dos se situarán por detrás de la línea de defensas.

Conceptos tácticos ofensivos:

- Mejora de la eficacia en el mantenimiento de la posesión del balón.
- Mejora de la ocupación y aprovechamiento del espacio de juego.
- Mejora de la amplitud y profundidad ofensiva, mediante una ocupación fija de los pasillos laterales y de la posición de los comodines por detrás de la línea de defensas.
- Mejora de los desmarques de apoyo y de ruptura.
- Mejora de los cambios de orientación (descongestión de las zonas sobrecargadas de rivales.
- Mejora de la velocidad en el juego ajustada a la precisión del mismo.
- Mejora de la progresión en el juego.
- Mejora del equilibrio ofensivo.

Acciones técnicas ofensivas:

- Mejora de los controles clásicos y orientados.
- Mejora de los pases cortos, medios y largos.
- Mejora del tiro desde diferentes distancias y procedencias.

Número de toques: El grupo atacante jugará libre de toques, mientras que los comodines (tercer grupo) jugarán con un máximo de dos toques.

Material: Conos que marquen el espacio de juego, los pasillos laterales y la mitad del terreno de juego. Balones suficientes. Petos para diferenciarse los tres grupos. Dos porterías de F 11 ó F 7.

Desarrollo: La tarea se desarrolla mediante acciones conjuntas con continuidad y finalización. El grupo defensor marcará al hombre o mixto sobre los atacantes que juegan en el interior del espacio e intentarán recuperar el balón a la mayor brevedad posible. El grupos ofensivos realizarán ataques combinativos y estarán obligados a dar un mínimo de seis pases antes de poder intentar el gol, se buscará constantemente la forma más eficaz de finalizar los ataques. Para todo ello, se deberá ofrecer una gran movilidad basada en constantes desmarques de apoyo y de ruptura. Los comodines (tercer equipo), colocados en los carriles laterales y por detrás de los defensores, no podrán abandonar sus posiciones, ni finalizar los ataques, ni dar más de dos toques al balón, jugarán como receptores de pases y como pasadores. El gol se tendrá que lograr mediante una acción colectiva. Cada cierto tiempo el entrenador alternará las funciones de los grupos.

EJERCICIO 4: Ejercicio para la mejora de la posesión de balón con finalización (se enfrentan 2 grupos de 6 jugadores, en un sistema de juego de 3-3. La situación de ambas porterías obligará a los atacantes a mantener la posesión del balón para llevarlo hacia la portería más libre de contrarios).

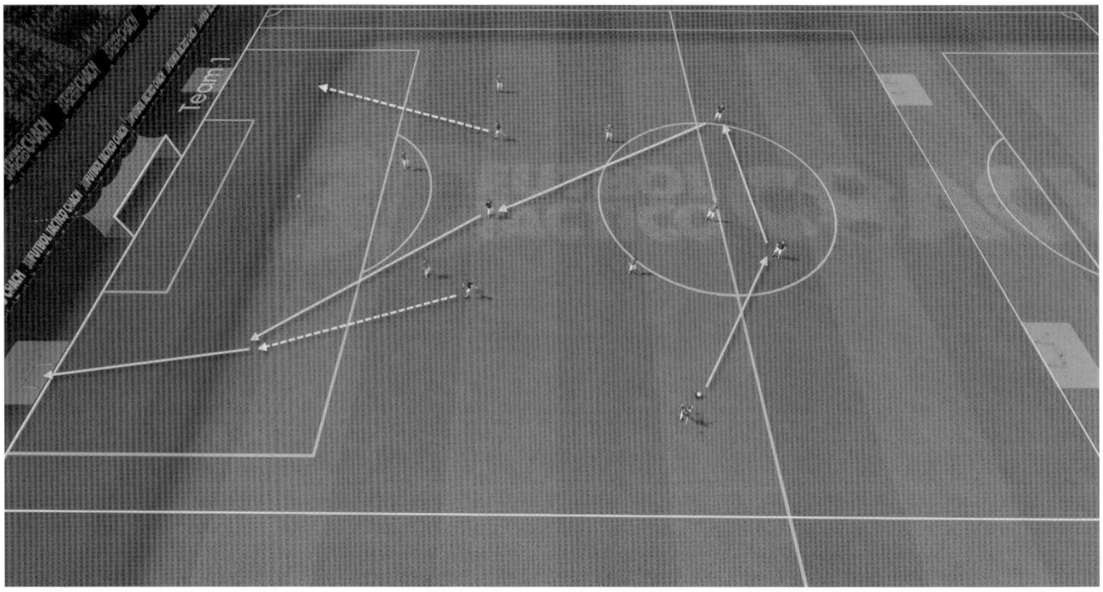

© 3D Fútbol Táctico Coach

Disposición: En un espacio de juego de 60 x 40 mts., se enfrentan dos grupos de seis jugadores, en un sistema de juego de 3 - 3.

Conceptos tácticos ofensivos:

- Mejora de la eficacia en el mantenimiento de la posesión del balón.
- Mejora de la ocupación y aprovechamiento del espacio de juego.
- Mejora de la amplitud ofensiva.
- Mejora de los desmarques de apoyo y de ruptura.
- Mejora de las ayudas permanentes.
- Mejora de la eficacia en los cambios de orientación.
- Mejora de la coordinación entre la velocidad y la precisión en el juego.
- Mejora de la progresión en el juego.
- Mejora del equilibrio ofensivo.

Acciones técnicas ofensivas:

- Mejora de los controles clásicos y orientados.
- Mejora de los pases cortos y medios.
- Mejora de la conducción simple y superior.

Número de toques: Se juega libre de toques al balón pero evitando retenciones inútiles del mismo.

Material: Conos que marquen el espacio de juego, los posicionamientos y la mitad del campo. Balones suficientes. Petos para diferenciarse los grupos. Cuatro porterías de 4 mts colocadas en los laterales de las líneas de fondo.

Desarrollo: La tarea se desarrolla mediante acciones conjuntas con continuidad y finalización. Ambos grupos juegan con un sistema de juego de 3 - 3. El grupo defensivo, se posicionará en intermedio y en repliegue en función de las circunstancias del juego, establecerá una organización defensiva zonal en la que tratará de formar un bloque compacto defensivo con distancias cortas e intentará recuperar la posesión del balón en el menor tiempo posible. El grupo ofensivo realizará ataques combinativos con un juego preferentemente de bandas y tendrá que dirigir la orientación del juego hacia los pasillos laterales debido a la situación de las porterías. La situación de ambas porterías obligará a los atacantes a mantener la posesión del balón para llevarlo hacia la portería más libre de contrarios. En todos los ataques se exigirá mantener un adecuado equilibrio ofensivo.

EJERCICIO 5: Ejercicio para la mejora de la posesión de balón con finalización (se enfrentan 2 grupos de 6 jugadores más un portero en un sistema de juego de 3 - 3. El ataque se podrá finalizar desde cualquier zona, procurando que se realice mediante una acción colectiva).

Disposición: En un espacio de juego de 60 x 45 mts., se enfrentan dos grupos de seis jugadores más un portero en un sistema de juego de 3 - 3.

Conceptos tácticos ofensivos:

- Mejora de la eficacia en el mantenimiento de la posesión del balón.
- Mejora de la ocupación y aprovechamiento del espacio de juego.
- Mejora de la amplitud y profundidad ofensiva.
- Mejora de los desmarques de apoyo y de ruptura.
- Mejora de las ayudas permanentes.
- Mejora en la eficacia de los cambios de orientación.
- Mejora de la coordinación entre la velocidad y la precisión en el juego.
- Mejora de la progresión en el juego.
- Mejora del equilibrio ofensivo.

Acciones técnicas ofensivas:

- Mejora de los controles clásicos y orientados.
- Mejora de los pases cortos y medios.
- Mejora de las acciones de 1 contra 1 que se pueden dar en el juego.
- Mejora del tiro desde distintas distancias y procedencias.

Número de toques: Se jugará con libertad de toques pero evitando las retenciones del balón inútiles.

Material: Conos que marquen el espacio de juego, la mitad del campo y dos porterías pequeñas en los laterales del medio campo. Balones suficientes. Petos para diferenciarse los grupos. Dos porterías reglamentarias.

Desarrollo: La tarea se realiza mediante acciones conjuntas con continuidad y finalización. Ambos grupos juegan con un sistema de juego de 3 - 3. El grupo defensivo se posicionará en intermedio, marcará en zonas y tratará de desarrollar toda la fase defensiva en dicho posicionamiento hasta la recuperación del balón. El grupo ofensivo realizará ataques combinativos con los condicionantes de que, para poder progresar, es necesario lograr el gol en una de las porterías pequeñas situadas los laterales de medio campo y seguir en posesión del balón, ya en campo contrario, circular el balón por todo el espacio de juego hasta encontrar una situación favorable para progresar y finalizar el ataque. El ataque se podrá finalizar desde cualquier zona, procurando que se realice mediante una acción colectiva. Se exigirá mantener un adecuado equilibrio ofensivo durante todo el ataque.

EJERCICIO 6: Ejercicio para la mejora de la posesión de balón con finalización (se enfrentan 2 grupos de 6 jugadores más un portero en un sistema de juego de 3 -3. El grupo ofensivo realizará ataques combinativos con el condicionante de no poder progresar por el espacio central marcado, aunque sí se podrá jugar en él, estableciendo, de esta forma, un juego predominantemente de bandas).

© 3D Fútbol Táctico Coach

Disposición: La tarea se desarrolla en un terreno de juego de 60 x 45 mts, en el cual se establece una zona central de 20 x 15 mts. en la que está prohibido progresar en el ataque. Se enfrentan dos grupos de seis jugadores más un portero.

Conceptos tácticos ofensivos:

- Mejora de la eficacia en el mantenimiento de la posesión del balón.
- Mejora de la ocupación y aprovechamiento del espacio de juego.
- Mejora de los desmarques de apoyo y de ruptura.
- Mejora de las ayudas permanentes.
- Mejora de la eficacia en los cambios de orientación.
- Mejora de la coordinación entre la velocidad y la precisión en el juego.
- Mejora de la progresión en el juego.
- Mejora del equilibrio ofensivo.

Acciones técnicas ofensivas:

- Mejora de los controles clásicos y orientados.
- Mejora de los pases cortos, medios y, en ocasiones, largos.
- Mejora de las acciones técnicas que se pueden realizar en situaciones de 1 contra 1.
- Mejora del tiro de cabeza o de pie a balones que proceden de los laterales.

Número de toques: Se jugará sin limitación de toques, aunque se procurará evitar las retenciones inútiles del balón.

Material: Conos que marquen el espacio de juego, la zona central, los posicionamientos y la mitad del campo. Balones suficientes. Petos para diferenciarse los grupos. Porterías reglamentarias de F -11 ó 7.

Desarrollo: La tarea se realiza mediante acciones conjuntas con continuidad y finalización. Ambos grupos juegan con un sistema de juego de 3 - 3. El grupo defensivo, se posicionará en intermedio o en repliegue en función de las circunstancias del juego, manifestará una organización defensiva zonal y presionará para recuperar el balón en el menor tiempo posible. El grupo ofensivo realizará ataques combinativos con el condicionante de no poder progresar por el espacio central marcado, aunque sí se podrá jugar en él, estableciendo, de esta forma, un juego predominantemente de bandas. Con este condicionante los atacantes se verán obligados a circular el balón de un pasillo lateral al otro hasta encontrar la progresión en el ataque favorable, debiendo mostrar una posesión del balón eficaz. En todos los ataques se exigirá mantener un adecuado equilibrio ofensivo.

LA CONSERVACIÓN DEL JUEGO:
Ejercicios para la mejora de su eficacia

Es el conjunto de maniobras sin balón y de acciones con balón que realizan todos los jugadores del equipo, de forma coordinada, con el único propósito de conservar, a toda costa, la posesión del balón para algún fin táctico.

Los principales objetivos que se pretenden es conseguir son:

- Poseer el tiempo ofensivo del partido.
- Defender un resultado.
- Mantener la posesión del balón y disponer de la iniciativa en el juego.

La conservación del balón se manifiesta claramente cuando un equipo busca zonas poco pobladas de contrarios para jugar el balón.

Este principio táctico ofensivo no quiere decir que se renuncie a lograr el gol, puesto que si se ve la oportunidad de progresar cara al gol con ciertas garantías de éxito, está claro que se intentará. Cuando se utiliza este principio táctico ofensivo, perder o ganar terreno es secundario. Lo verdaderamente importante es conservar, retener la posesión del balón con eficacia (no perderlo).

Lo verdaderamente importante es conservar, retener la posesión del balón con eficacia (no perderlo). Como es lógico, el equipo contrario presionará intentando lograr la posesión del balón, lo cual se combatirá buscando jugar el balón hacia las zonas más descongestionadas de contrarios (utilización de cambios de orientación), intentando enfrentarse con una menor presión del contrario sin importar el tiempo en que se tarde en finalizar el ataque. Resulta evidente que para realizar este juego de control, los jugadores del equipo deben poseer una notable calidad técnico – táctica. Otro factor importante será que los compañeros del poseedor del balón mantengan una constante movilidad con el objetivo de ofrecerle continuas soluciones favorables. Como último factor, señalaré la conveniencia de que todo el equipo posea una perfecta sincronización y claridad de ideas con respecto al juego que se pretende desarrollar.

EJERCICIO 1: Ejercicio para la mejora en el mantenimiento y la conservación de la posesión del balón (se juega en superioridad numérica de 4 contra 2).

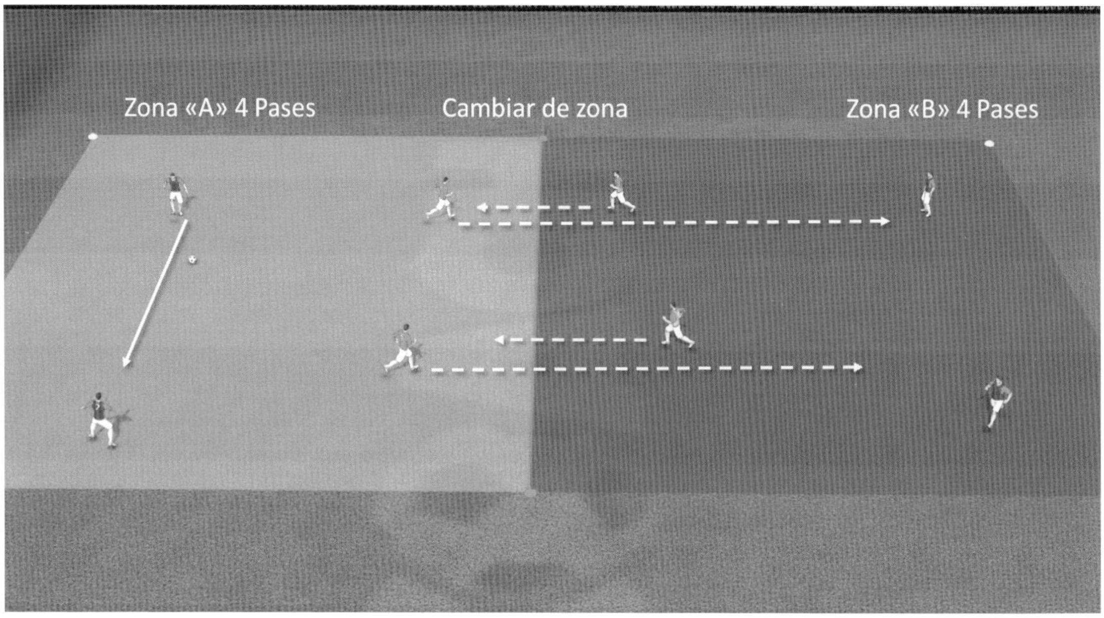

© 3D Fútbol Táctico Coach

Disposición: Se establecen varios espacios de juego de una dimensión total de 12 x 6 mts., el cual se divide en dos zonas. En este espacio de juego total se forman cuatro grupos de dos jugadores, enfrentándose cuatro contra dos en cada espacio.

Principios tácticos defensivos:

- Mejora de la eficacia en el mantenimiento y la conservación de la posesión del balón.
- Mejora de la ocupación y aprovechamiento del espacio de juego.
- Mejora de los apoyos sobre el poseedor del balón.
- Manifestar ayudas permanentes (movilidad entorno al poseedor del balón)
- Mejora de la descongestión de las zonas.
- Mantener una adecuada orientación postural para recibir y ejecutar los pases.

Material: Conos para marcar el espacio total de juego, las dos zonas y balones suficientes.

Desarrollo: La tarea se desarrolla mediante acciones conjuntas sin finalización. En ambas zonas se juega en superioridad numérica de 4 contra 2; todo ello, gracias a que los jugadores atacantes más próximos a la otra mitad del campo se añaden siempre al grupo en posesión del balón. Se jugará sin un número previo de toques al balón, pero evitando siempre las acciones de uno contra uno. No se darán más de cuatro pases en cada zona (en la realidad del juego, los contrarios se acumularían y, de esta forma, sería muy difícil conservar la posesión del balón). Una vez que el balón se cambie de zona (descongestión de contrarios en la zona) se jugará con la misma dinámica ya descripta. Cuando el grupo defensor logre recuperar el balón alternará sus funciones con el grupo al que se le arrebató el balón. Por cada minuto que los grupos ofensivos logren conservar la posesión del balón se anotarán un punto. El grupo ganador de la tarea será que más puntos consiga en el tiempo total del juego.

EJERCICIO 2: Ejercicio para la mejora en el mantenimiento y la conservación de la posesión del balón (se juega en superioridad numérica de 8 contra 4).

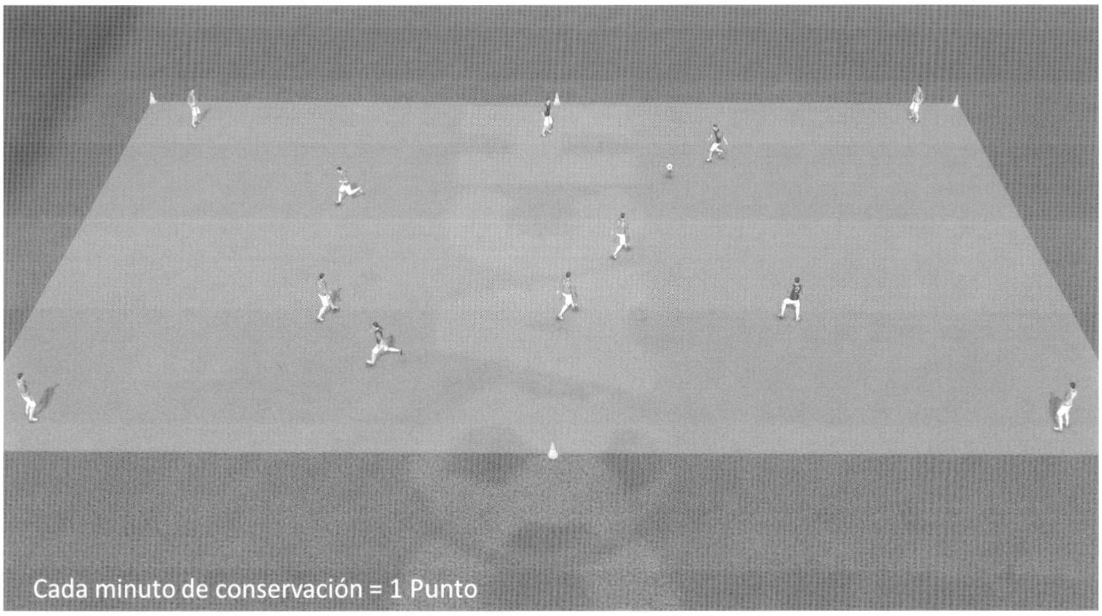

© 3D Fútbol Táctico Coach

Disposición: En un espacio de juego de 40 x 30 mts., se forman tres grupos de cuatro jugadores cada uno (dos atacantes y uno defensor), colocados dentro del espacio de juego.

Principios tácticos ofensivos:

- Mejora de la eficacia del mantenimiento y conservación de la posesión del balón.
- Mejora de la ocupación y aprovechamiento del espacio de juego.
- Mejora de los apoyos y de los desmarques de apoyo al poseedor del balón.
- Constantes ayudas permanentes al poseedor del balón manifestando una gran movilidad.
- Descongestión de las zonas sobrecargadas de contrarios mediante cambios de orientación.
- Mantener en todo momento una adecuada orientación postural.
- Ajustar la velocidad y precisión en el juego.

Número máximo de toques: Se jugará sin limitación del número de toques.

Material: Conos para marcar el espacio de juego, balones suficientes y petos para diferenciarse los tres grupos.

Desarrollo: La tarea se desarrolla mediante acciones conjuntas con continuidad y sin finalización. La tarea se desarrolla en superioridad numérica de 8 contra 4 (dos grupos ofensivos contra uno defensivo). Los grupos ofensivos intentarán conservar la posesión del balón durante el mayor tiempo posible y por cada 1minuto de conservación del balón los grupos ofensivos obtendrán un punto. Estos grupos buscarán siempre las zonas más descongestionadas de contrarios para facilitar la conservación del balón. Los defensores intentarán recuperar o forzar la pérdida de la posesión del balón en el menor tiempo posible. Cuando lo consigan alternarán sus funciones con el grupo al que se le recuperó la posesión del balón. La tarea ganará el grupo que mayor número de puntos haya logrado en el tiempo total de la tarea.

EJERCICIO 3: Ejercicio para la mejora en el mantenimiento y la conservación de la posesión del balón (se juega en superioridad numérica de 7 contra 5).

Disposición: Dentro de un espacio de juego total de 50 x 30 mts. se establecen dos pasillos laterales de 3 mts. Se enfrentan dos grupos de cinco jugadores más dos comodines ofensivos que se colocan en los pasillos laterales.

Principios tácticos ofensivos:

- Mejora de la eficacia del mantenimiento y conservación del balón.
- Mejora de la amplitud y profundidad ofensiva (ocupación a lo ancho y a lo largo).
- Mejora de la ocupación y aprovechamiento del espacio de juego.
- Mejora de los cambios de orientación (descongestión constante de zonas sobrecargadas de contrarios).
- Mejora de los desmarques de apoyo para crear continuas líneas de pase y manifestar ayudas permanentes en todo momento al poseedor del balón.

Número de toques al balón: Para los jugadores que juegan en el interior del espacio de juego no se marcará un número de toques al balón, mientras que para los comodines colocados en pasillos laterales del espacio de juego se tendrá una limitación de dos toques.

Material: Conos para marcar el espacio de juego y los dos pasillos laterales, balones suficientes y petos para diferenciarse los grupos y los comodines.

Desarrollo: La tarea se desarrolla mediante acciones conjuntas con continuidad y sin finalización. Juegan dos grupos de 5 contra 5 más 2 comodines ofensivos; por lo tanto, los atacantes jugarán en superioridad numérica de siete contra cinco: cinco contra cinco en la zona interior y los dos comodines ocupando los pasillos laterales. El grupo atacante intentará conservar la posesión del balón durante el mayor tiempo posible. Para todo ello, jugará aprovechando la amplitud (ampliación del espacio horizontal) y la profundidad (ampliación del espacio de juego en vertical). Se evitarán las acciones de 1 contra 1 y se buscará constantemente descongestionar la zona del balón de contrarios (cambios de orientación); para, con ello, facilitar la conservación del balón. El grupo atacante por cada minuto de conservación del balón se anotará un punto. El grupo defensor intentará neutralizar las acciones ofensivas del rival y recuperar o hacer perder la posesión del balón en el menor espacio de tiempo. El grupo ganador será el que haya sumado más puntos en el tiempo total de la tarea.

EJERCICIO 4: Ejercicio para la mejora en el mantenimiento y la conservación de la posesión del balón (se juega en igualdad numérica de 6 contra 6).

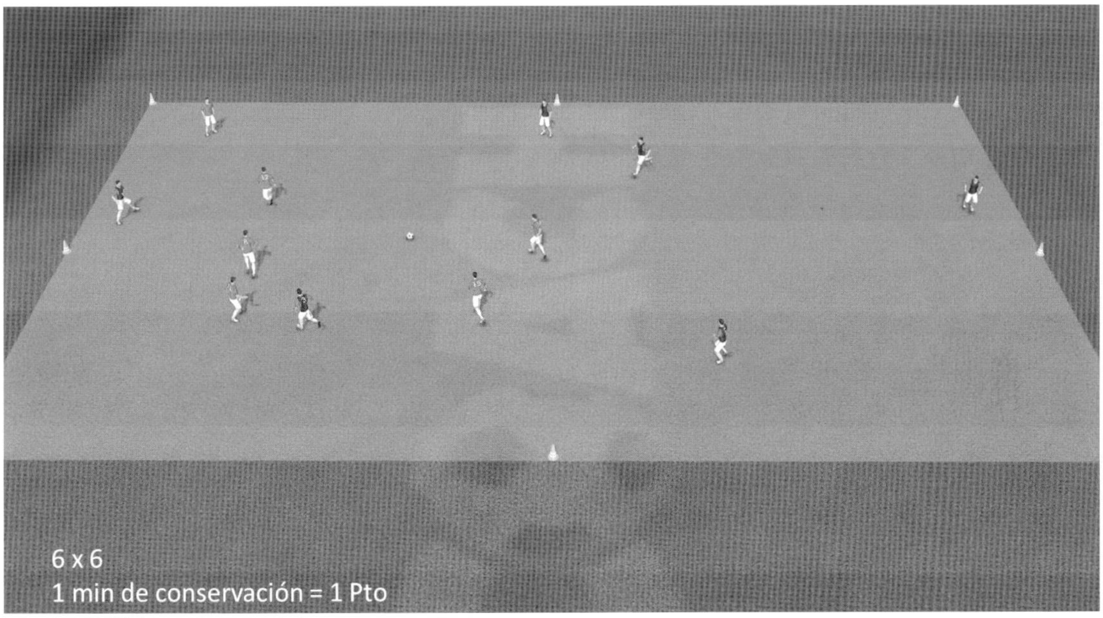

© 3D Fútbol Táctico Coach

Disposición: En una mitad del terreno de juego se enfrentan dos grupos de seis jugadores.

Principios tácticos ofensivos:

- Mejora del mantenimiento y de la conservación de la posesión del balón en igualdad numérica.
- Mejora de la ocupación y aprovechamiento del espacio de juego.
- Mejora de la amplitud y profundidad ofensiva (ampliación de los espacios de juego a lo largo y a lo ancho).
- Mejora de los desmarques de apoyo para crear líneas de pase al poseedor del balón.
- Manifestar una gran movilidad en forma de ayudas permanentes a favor del poseedor del balón.
- Mejora de los cambios de orientación (descongestión de las zonas sobrecargadas de contrarios).
- Mantener en todo momento una adecuada orientación postural.

Número máximo de toques: Libre de toques.

Material: Conos para marcar el espacio de juego, balones suficientes y petos para diferenciarse ambos grupos.

Desarrollo: La tarea se desarrolla mediante acciones conjuntas con continuidad y sin finalización. Ambos grupos juegan en igualdad numérica de 6 contra 6. El grupo atacante intentará conservar la posesión del balón durante el mayor tiempo posible; para ello, deberán manifestar una gran movilidad dado el alto grado de oposición del contrario, aprovechar todo el espacio de juego (ancho y largo) y se buscará el circular el balón por las zonas menos sobrecargadas de adversarios. Este grupo obtendrá un punto por cada minuto de conservación del balón. Los defensores intentarán recuperar la posesión del balón en el menor tiempo posible, cuando lo logren cambiarán las funciones a desarrollar por cada grupo. El grupo que más puntos logre en el tiempo total del juego será el ganador de la tarea.

EJERCICIO 5: Ejercicio para la mejora en el mantenimiento y la conservación de la posesión del balón (se juega en igualdad numérica de 6 contra 6 en un sistema de juego de 3-3).

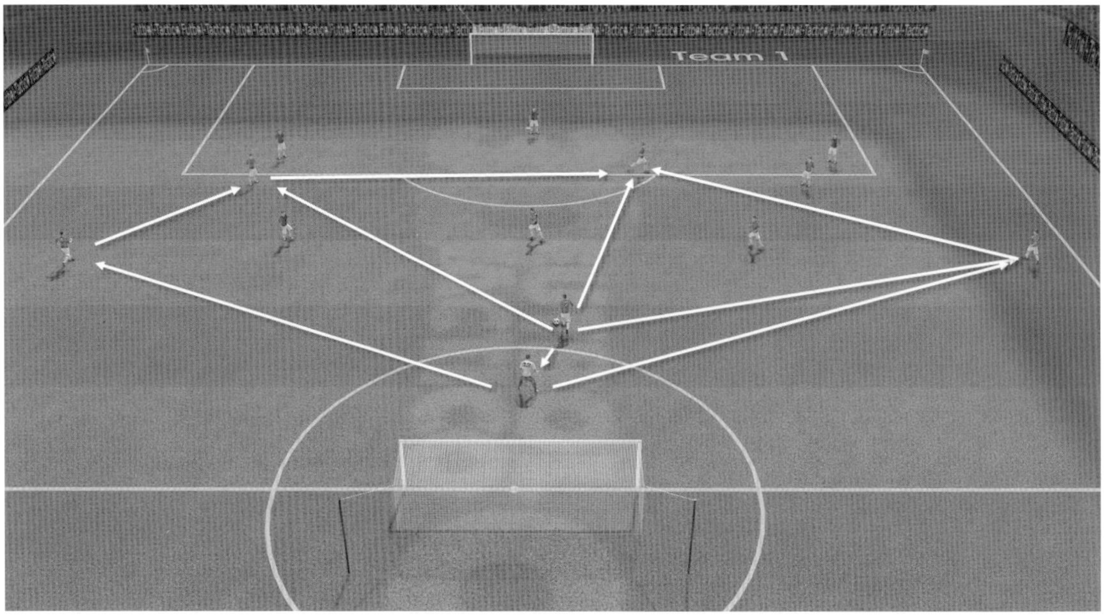

© 3D Fútbol Táctico Coach

Disposición: En una mitad del terreno de juego, se enfrentan dos grupos de seis jugadores más un portero, en un sistema de juego de 3 - 3.

Principios tácticos ofensivos:

- Mejora del mantenimiento y de la conservación de la posesión del balón en igualdad numérica.
- Mejora de la ocupación y aprovechamiento del espacio de juego.
- Mejora de la amplitud y profundidad del espacio de juego.
- Mejora de los cambios de orientación para descongestionar la zona del balón sobrecargada de adversarios.
- Mejora de los desmarques de apoyo para crear líneas de pase al poseedor del balón.
- Manifestar una gran movilidad en forma de ayudas permanentes a favor del poseedor del balón.
- Mantener en todo momento una adecuada orientación postural.
- Mejora del ritmo en el juego.

Número máximo de toques: Libre de toques.

Material: Conos para marcar el espacio de juego, balones suficientes, porterías y petos para diferenciarse ambos grupos.

Desarrollo: La tarea se desarrolla mediante acciones conjuntas con continuidad y con finalización. Ambos grupos juegan en igualdad numérica de 6 contra 6 en un sistema de juego de 3 - 3. El grupo en posesión del balón, iniciará siempre los ataques desde su portero y jugarán siempre que sea necesario con él, creando, de esta forma, una superioridad numérica de 7 contra 6. Este grupo desarrollará ataques combinativos muy largos, intentando conservar la posesión del balón durante el mayor tiempo posible; todo ello, hasta que se presente una opción muy clara de gol. Este grupo, jugará con amplitud y profundidad ofensiva, buscarán las zonas más desprotegidas de contrarios (utilización de cambios de orientación), progresará o retrocederá en el ataque, manteniendo, como primera opción, la conservación de la posesión del balón. Aunque la primera opción del ataque es conservar el balón, si se presenta la opción de lograr el gol se intentará. El grupo defensor, intentará recuperar la posesión del balón en el menor tiempo posible y, de esta forma, iniciar ataque en las mismas condiciones ya mencionadas anteriormente. El grupo atacante, por cada minuto que consiga conservar la posesión del balón se anotará un punto y si logra finalizar el ataque en gol sumará otro punto. El ganador de la tarea será el grupo que más goles consiga en el tiempo total del juego.

EJERCICIO 6: Ejercicio para la mejora en el mantenimiento y la conservación de la posesión del balón (se juega en función del resultado en igualdad numérica de 6 contra 6, el grupo establecerá una dinámica en el juego u otra).

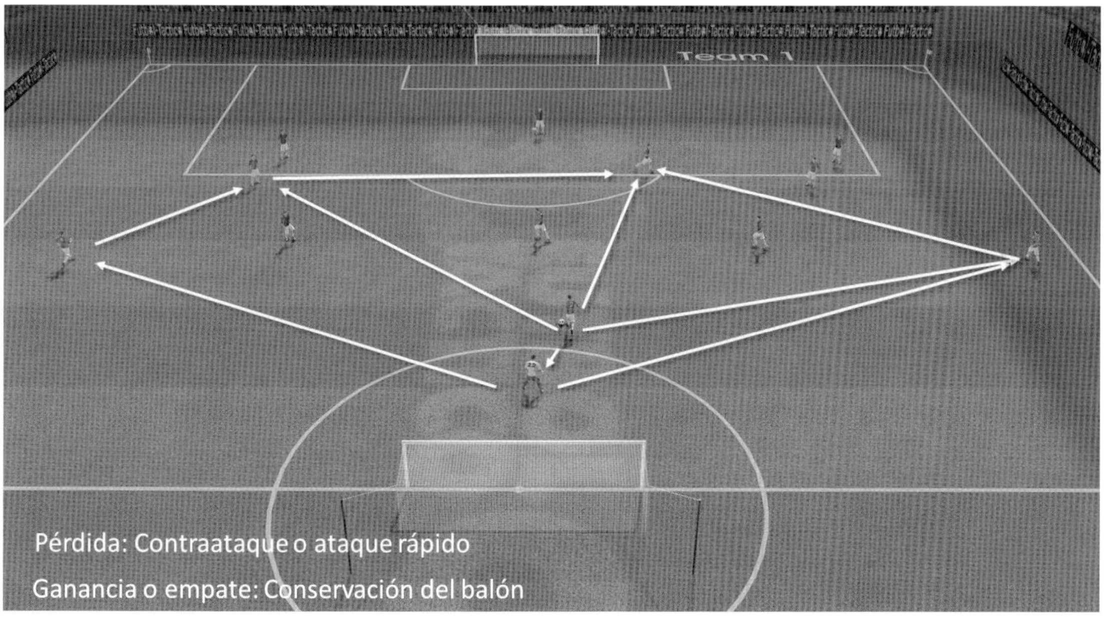

© 3D Fútbol Táctico Coach

Disposición: En una mitad del terreno de juego, se enfrentan dos grupos de seis jugadores más un portero, en un sistema de juego de 3 - 3.

Principios tácticos ofensivos:

- Mejora del mantenimiento y de la conservación de la posesión del balón en igualdad numérica.
- Mejora de la ocupación y aprovechamiento del espacio de juego.
- Mejora de la amplitud y profundidad ofensiva del espacio de juego.
- Mejora de los cambios de orientación para descongestionar la zona del balón sobrecargada de adversarios.
- Mejora de los desmarques de apoyo para crear líneas de pase al poseedor del balón.
- Manifestar una gran movilidad en forma de ayudas permanentes a favor del poseedor del balón.
- Mantener en todo momento una adecuada orientación postural.
- Mejora del ritmo en el juego.

Número máximo de toques: Libre de toques.

Material: Conos para marcar el espacio de juego, balones suficientes, porterías y petos para diferenciarse ambos grupos.

Desarrollo: La tarea se desarrolla mediante acciones conjuntas con continuidad y con finalización. Ambos grupos juegan en igualdad numérica de 6 contra 6 en un sistema de juego de 3 - 3.
La presente tarea se desarrollará con los siguientes condicionantes en función del resultado:

- El grupo que va ganando o empatando, desarrollará ataques combinativos muy largos, conservando la posesión del balón hasta que se presente una acción muy clara de gol.
- El grupo que va perdiendo, desarrollará contraataques y ataques cortos hasta que consiga poner el marcador favorablemente.

Así pues, en función del resultado el grupo establecerá una dinámica en el juego u otra. El grupo que va empatado o con el resultado a favor, mantendrá una dinámica en el juego ya descripta anteriormente en otras tareas. La forma de puntuación será la misma que utilizamos en las anteriores tareas y el ganador de la misma será el grupo que más puntos consiga en el tiempo total de la tarea.

LA TRANSICIÓN DEFENSA-ATAQUE:
Ejercicios para la mejora de su eficacia

La transición de defensa a ataque podemos definirla cómo el paso de una fase de juego defensiva a una fase de juego ofensiva; todo ello, desarrollado en el menor espacio de tiempo y con la mayor eficacia posible, con el objetivo de poder desarrollar la ofensiva más conveniente para el equipo (contraataque o ataque).

En un fútbol como el actual, en el que los equipos reducen los espacios de juego y donde el nivel de organización defensiva de los equipos es altísimo, la eficacia en las transiciones de defensa a ataque se presenta fundamental y nos va a permitir el aprovechamiento del contraataque, el cual condiciona enormemente el resultado; no en vano, un número importantísimo de los goles nacen de esta situación del juego.

EJERCICIO 1: Ejercicio para la mejora de la transición de defensa a ataque (cuatro porterías en los laterales).

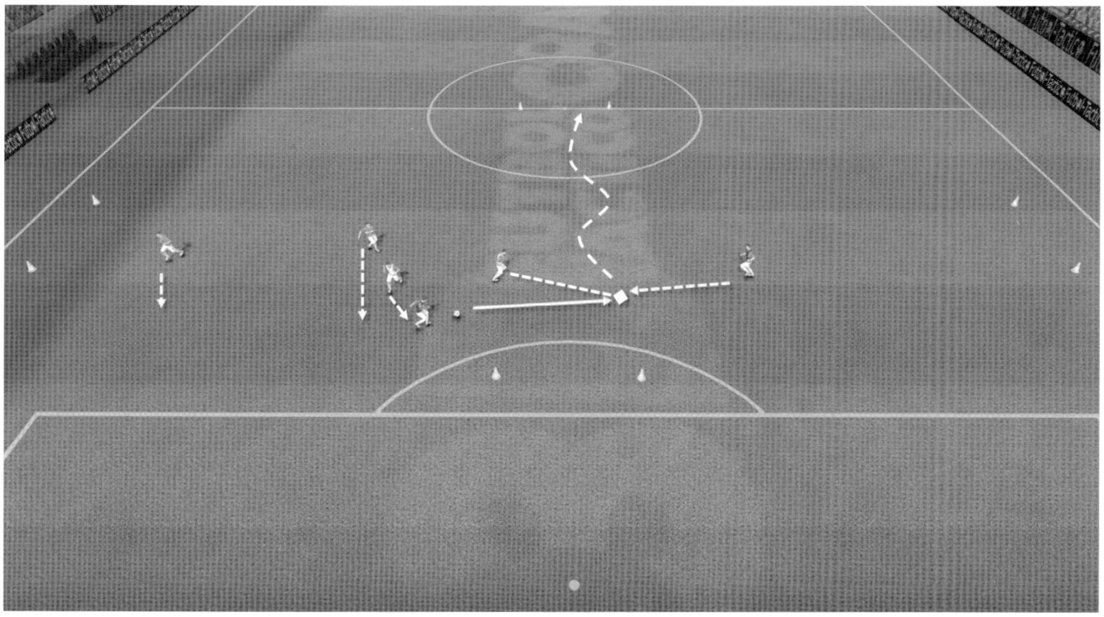

© 3D Fútbol Táctico Coach

Disposición: Se establecen varios espacios de juego de 12 x 12 ms. En cada espacio de juego se marcan cuatro porterías en los laterales. Se forman tres grupos de dos jugadores (dos ofensivos y uno defensivo).

Conceptos tácticos ofensivos:

- Mejora de la transición de defensa a ataque.
- Mejora del cambio de mentalidad defensiva por ofensiva.

Material: Conos para marcar el espacio total de juego y las cuatro porterías, balones suficientes y petos para diferenciarse los tres grupos.

Número máximo de toques: Los jugadores ofensivos jugarán a dos toques como máximo, mientras que, los defensores cuando recuperen la posesión del balón, jugarán libre de toques.

Desarrollo: Esta tarea se puede introducir dentro del calentamiento específico. Los grupos atacantes intentarán mantener la posesión del balón durante el mayor tiempo posible. El grupo defensor, intentará recuperar la posesión del balón en el menor tiempo posible, una vez que se recupere, se realizará una progresión rápida, con la oposición del grupo que se le interceptó el balón, hacia una de las porterías situadas en los laterales del espacio de juego. De esta forma, intentaremos mejorar la transición de defensa a ataque, mejorando mentalidad de los jugadores para pasar de una fase del juego defensivo a una fase del juego ofensiva. Cada vez que se logre un gol en cualquier portería, ese equipo se anotará un punto. Cuando se finalice la acción los grupos se alternarán, pasando el grupo que perdió la posesión del balón a hacer funciones defensivas.

EJERCICIO 2: Ejercicio para la mejora de la transición de defensa a ataque (se jugará con una dinámica constante en el juego de ampliar [fase ofensiva] y reducir el espacio de juego [fase defensiva]).

© 3D Fútbol Táctico Coach

Disposición: En un espacio de juego de 50 x 40 mts., dentro del cual se marcarán dos pasillos laterales, se enfrentan dos grupos de seis jugadores.

Conceptos tácticos ofensivos:

- Mejora de la transición de defensa a ataque.
- Mejora del paso de una mentalidad defensiva a una ofensiva en el menor espacio de tiempo.
- Pasar de la reducción de espacios que se manifiesta durante la fase defensiva a la ampliación de espacios que se debe producir durante la fase ofensiva.
- Mejora de la amplitud ofensiva (ocupación de los pasillos laterales).
- Mejora de la ocupación y aprovechamiento del espacio de juego.
- Mejora de los desmarques de apoyo.
- Mejora de las ayudas permanentes.
- Mejora del ritmo en el juego.
- Mejora de la velocidad y precisión en el juego.

Número de toques: Libre pero imprimiendo la mayor velocidad al juego posible.

Material: Conos que marquen el espacio de juego y los pasillos laterales, balones suficientes y petos para diferenciarse los grupos.

Desarrollo: El grupo atacante, intentará mantener el mayor tiempo posible la posesión del balón; para ello, jugará con una amplitud ofensiva fija de los pasillos laterales (ocupación de los pasillos laterales por los mismos jugadores durante una posesión de balón). El grupo defensor, intentará neutralizar las acciones ofensivas del adversario y recuperar la posesión del balón en el menor tiempo posible. Una vez lograda la posesión del balón, se pasará, en el menor tiempo posible, de la reducción de espacios desarrollada durante la fase defensiva a la ampliación de espacios que se deberá manifestar durante la fase ofensiva. En esta tarea se jugará con una dinámica constante en el juego de ampliar (fase ofensiva) y reducir el espacio de juego (fase defensiva). De esta forma, trataremos de mejorar dicha parte de la transición de defensa a ataque.

EJERCICIO 3: Ejercicio para la mejora de la transición de defensa a ataque (el grupo defensivo en repliegue intensivo en una línea de 3).

© 3D Fútbol Táctico Coach

Disposición: En un espacio de juego de 60 x 40 mts., se enfrentan tres equipos de tres jugadores más dos comodines ofensivos (puntas) y dos porteros.

Conceptos tácticos ofensivos:

- Mejora de la transición de defensa a ataque.
- Mejora del paso de una mentalidad defensiva a otra ofensiva.
- Mejora del paso de la reducción de espacios de la fase defensiva a la ampliación de espacios en la fase ofensiva.
- Mejora del contraataque iniciado desde repliegue o desde el portero.
- Mejora de la amplitud ofensiva.
- Mejora de la progresión en el juego.
- Mejora de las ayudas permanentes.
- Mejora de la velocidad y precisión en el juego.
- Mejora del equilibrio ofensivo durante y en la finalización del contraataque o ataque.

Número de toques: Libre pero imprimiendo la mayor velocidad al juego posible.

Material: Conos que marquen el espacio de juego, el posicionamiento defensivo de los grupos y la mitad del campo. Balones suficientes. Petos para diferenciarse los grupos y a los comodines. Dos porterías reglamentarias de F - 11 ó 7.

Desarrollo: La tarea se desarrolla mediante acciones conjuntas con continuidad y finalización, basadas en el desarrollo de ataques o contraataques y defensas continuas. El grupo defensivo se posicionará en repliegue intensivo en una línea de tres jugadores y tratará de desarrollar toda la fase defensiva en dicho posicionamiento hasta la recuperación del balón. El grupo ofensivo realizará ataques combinativos y deberá buscar la progresión en el ataque por el carril menos sobrecargado de contrarios. Cuando el grupo defensor consiga recuperar la posesión del balón, hará progresarlo realizando pase sobre el punta (comodín); al mismo tiempo que progresa el balón, también lo hará toda la línea que pasará de la reducción de espacios a la amplitud ofensiva. Durante el contraataque o ataque se mantendrá un adecuado equilibrio ofensivo.

EJERCICIO 4: Ejercicio para la mejora de la transición de defensa a ataque (la tarea se realiza en base a acciones conjuntas desarrollando ataques o contraataques y defensas continúas).

© 3D Fútbol Táctico Coach

Disposición: En un espacio de juego de 60 x 40 mts., se enfrentan cuatro grupos de tres jugadores más un comodín ofensivo (punta) por cada grupo atacante.

Conceptos tácticos ofensivos:

- Mejora de la transición de defensa a ataque.
- Mejora del cambio de mentalidad de la fase defensiva a la fase ofensiva.
- Mejora del tiempo que se emplea de pasar de la reducción de espacios que se manifiesta en la fase defensiva a la ampliación de espacios que se realiza en la fase ofensiva.
- Mejora de la amplitud ofensiva.
- Mejora de la progresión en el juego.
- Mejora de los desmarques de apoyo.
- Mejora de las ayudas permanentes.
- Mejora de la velocidad y precisión en el juego.
- Mejora del equilibrio ofensivo durante y en la finalización del ataque o contraataque.

Número de toques: Libre pero imprimiendo la mayor velocidad al juego posible.

Material: Conos que marquen el espacio de juego, las tres porterías en cada línea de fondo, el posicionamiento defensivo y la mitad del campo. Balones suficientes. Petos para diferenciarse los grupos y a los comodines.

Desarrollo: La tarea se realiza en base a acciones conjuntas desarrollando ataques o contraataques y defensas continuas. En una mitad del campo un grupo de tres jugadores (un interior y dos exteriores) más un comodín ofensivo (punta) intentan desbordar a una línea de tres defensores y lograr el gol. En el momento que la línea de defensas, logre la posesión del balón, realizará pase sobre el medio del grupo ofensivo colocado en la otra mitad del espacio de juego y progresará toda la línea hasta la mitad del campo y ofrecerá apoyos de sostén a la línea superior. Una vez que el balón se encuentre en este grupo ofensivo, enviará el balón sobre el punta (comodín), progresarán los jugadores exteriores hacia las líneas de banda y el jugador de zona interior apoyará al poseedor del balón (punta). Se exigirá mantener un adecuado equilibrio ofensivo durante todo el ataque o contraataque.

EJERCICIO 5: Ejercicio para la mejora de la transición de defensa a ataque (el grupo defensivo posicionado en plegado o intermedio).

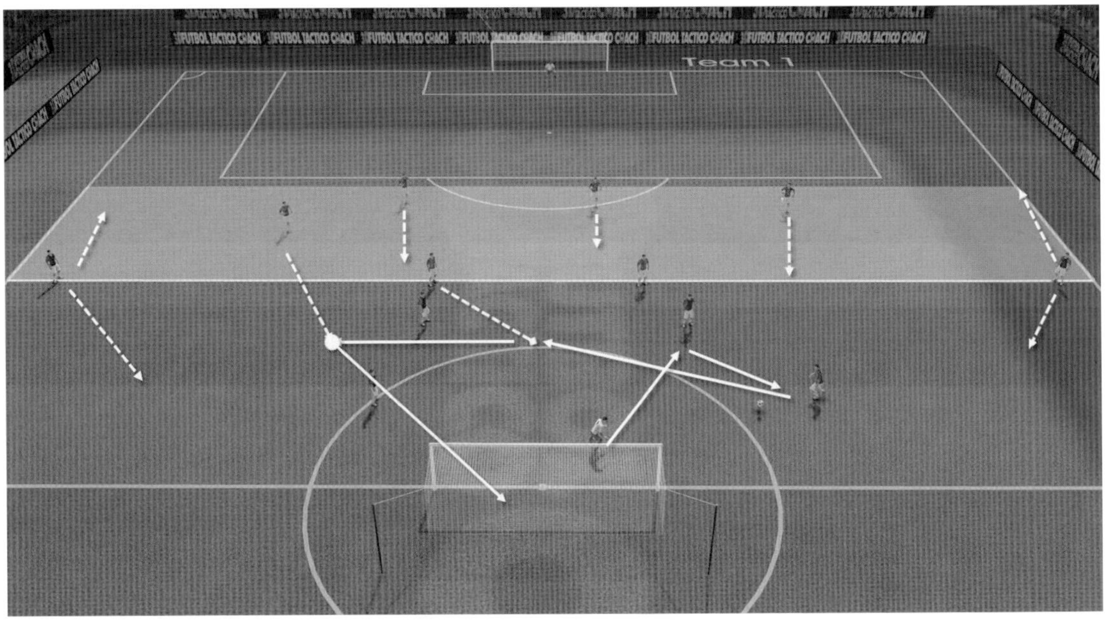

© 3D Fútbol Táctico Coach

Disposición: En un espacio de juego de 60 x 50 mts., se enfrentan dos grupos de seis jugadores más un portero, en un sistema de juego de 4 - 2.

Conceptos tácticos ofensivos:

- Mejora de la transición de defensa a ataque.
- Mejora de los movimientos previos de la transición de defensa a ataque de los jugadores que se encuentran por delante de la posición del balón.
- Mejora del cambio de mentalidad defensiva del juego a una ofensiva.
- Mejora del paso de la reducción de espacios de la fase defensiva a la ampliación de espacios de la fase ofensiva.
- Mejora de los contraataques iniciados desde el posicionamiento de plegado o intermedio.
- Mejora de la progresión en el juego.
- Mejora de la amplitud ofensiva.
- Mejora de los desmarques de apoyo y de ruptura.
- Mejora de los cambios de orientación (descongestión de la zona de recuperación del balón).
- Mejora de la velocidad y precisión en el juego.
- Mejora del equilibrio ofensivo durante y en la finalización de los contraataques.

Número de toques: Libre pero imprimiendo la mayor velocidad al juego posible.

Material: Conos que marquen el espacio de juego, el posicionamiento defensivo de los grupos y la mitad del campo. Balones suficientes. Petos para diferenciarse los grupos.

Desarrollo: El grupo defensivo se posicionará en plegado o intermedio (línea de medios en propio campo y la línea de puntas en campo contrario. En este posicionamiento se intentará desarrollar toda la fase defensiva hasta la recuperación del balón. El grupo ofensivo desarrollará ataques combinativos y, con ellos, intentará progresar y finalizar los ataques. Cuando el grupo defensor consiga recuperar la posesión del balón, realizará una rápida transición de defensa a ataque y, como primera opción ofensiva, desarrollará contraataque desde el posicionamiento fijado. Para todo ello, hará progresar el balón realizando pase sobre el punta en desmarque de ruptura o sobre el punta en desmarque de apoyo; al mismo tiempo que progresa el balón, también lo hará toda la línea que pasará de la reducción de espacios a la amplitud ofensiva (los jugadores de banda tomando amplitud y los que juegan por el interior apoyando a los puntas). El contraataque se debe finalizar antes del cuarto pase, si no fuese así, se desarrollará ataque combinativo. Se mantendrá un adecuado equilibrio ofensivo durante todo el contraataque o ataque.

EJERCICIO 6: Ejercicio para la mejora de la transición de defensa a ataque (se enfrentan 2 grupos de 6 jugadores más un portero, en un sistema de juego de 1 - 4 - 2).

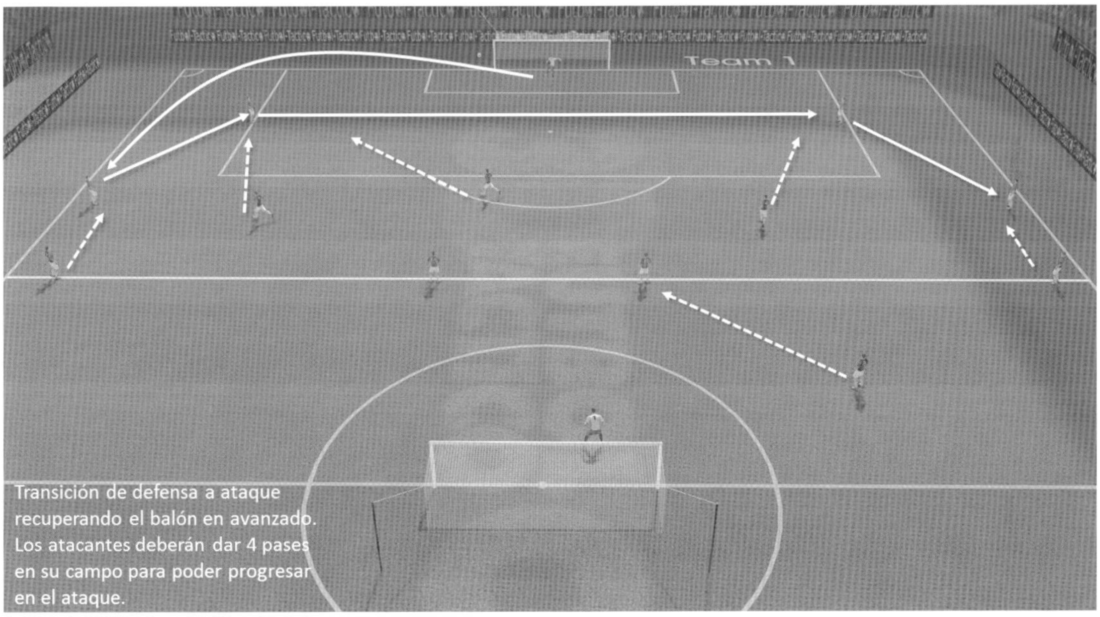

© 3D Fútbol Táctico Coach

Disposición: En un espacio de juego de 60 x 40 mts., se enfrentan dos grupos de seis jugadores más un portero, en un sistema de juego de 4 - 2.

Conceptos tácticos ofensivos:

- Desarrollar una rápida y eficaz transición de defensa a ataque.
- Cambiar la mentalidad defensiva a ofensiva en el menor espacio de tiempo posible.
- Mejora del contraataque iniciado desde el posicionamiento defensivo de avanzado.
- Manifestar una gran progresión en el juego.
- Pasar de la reducción de espacios a la ampliación de espacios.
- Efectuar desmarques de apoyo y de ruptura (medio de habilitar continuas líneas de pase al poseedor del balón).
- Jugar con velocidad y precisión en el juego.
- Manifestar un adecuado equilibrio ofensivo durante todo el desarrollo del contraataque.

Material: Conos para marcar el espacio de juego y el medio campo. Balones suficientes. Petos para diferenciarse ambos grupos.

Desarrollo: El grupo atacante desarrollará ataques combinativos que serán iniciados desde su propio campo, en el que será obligatorio dar un mínimo de cuatro pases para poder progresar e intentar finalizar el ataque en gol. El grupo defensor se organizará defensivamente en el campo contrario, intentará recuperar la posesión del balón y, posteriormente, desarrollar una transición de defensa a ataque que nos conduzca al desarrollo de un contraataque desde el posicionamiento de avanzado, como primera opción. Este contraataque se desarrollará mediante una acción individual (recuperación, conducción y tiro) o mediante una acción colectiva simple en la que se tendrá que finalizar antes del tercer pase. En el caso de que no fuese posible el desarrollo de un contraataque, se realizará ataque combinativo iniciado con los mismos condicionantes descriptos anteriormente.

EL CONTRAATAQUE:
Ejercicios para la mejora de su eficacia desde diferentes posicionamientos

Para desarrollar el concepto del contraataque citaremos a Manuel Conde que fracciona la definición en dos partes: **"acción táctica consistente en recuperar el balón al adversario en una zona determinada del terreno de juego.....",** añadiendo, que esta parte ya le da la primera pista de que es lo que tengo que hacer, organizarme defensivamente, en una determinada zona del campo y aplicar principios defensivos, y continúa, **"... para intentar de forma sorpresiva llegar rápidamente a su portería, evitando su posterior organización defensiva".** Como segunda pista nos dice que desde que recuperamos el balón, hasta que llegamos a la zona de tiro debemos seguir organizando el equipo para llegar a la zona de finalización. Aplicar principios ofensivos.

El mismo autor, deduce de esta reflexión que el contraataque tiene un valor muy elevado y globalizado dentro de la táctica, ya que por una parte conjuga argumentos defensivos y ofensivos, por tanto no se debe englobar únicamente como un principio táctico ofensivo, sino como un principio ambivalente. Si analizamos el desarrollo de un contraataque, podremos observar que para su realización debemos trabajar, en primer lugar, durante la fase defensiva para recuperar la posesión del balón en un determinado espacio del terreno de juego y, en segundo lugar, desarrollar acciones tácticas ofensivas para intentar sorprender al rival y conseguir el gol. Por lo tanto en principio se deben manejar con eficacia conceptos tácticos defensivos y, posteriormente, conceptos tácticos ofensivos.

EJERCICIO 1: Ejercicio para la mejora del contraataque iniciado desde repliegue.

© 3D Fútbol Táctico Coach

Disposición: En un espacio de juego de 60 x 45 mts., se enfrentan dos grupos de seis jugadores más un portero, en un sistema de juego de 3 - 3.

Conceptos tácticos:

- Establecer y mantener un posicionamiento defensivo en repliegue intensivo.
- Desarrollar una rápida transición de defensa a ataque (cambio de mentalidad defensiva por ofensiva en el menor espacio de tiempo).
- Mejora de la eficacia en el desarrollo de los contraataques iniciados desde el repliegue intensivo y desde el portero.
- Asegurar la posesión del balón (fundamental el primer pase en el inicio del contraataque).
- Mejora de la progresión ofensiva.
- Mejora de la amplitud ofensiva.
- Mejora de los desmarques de apoyo y de ruptura.
- Mejora de los cambios de orientación.
- Mejora de la velocidad y precisión en el juego.
- Mejora del equilibrio durante todo el desarrollo del contraataque.

Material: Conos para marcar el espacio de juego y el posicionamiento defensivo. Balones suficientes. Petos para diferenciarse los grupos. Porterías reglamentarias F7 o F11.

Desarrollo: El grupo atacante, en un principio realizará ataques combinativos y tendrá la obligación de iniciar el ataque desde su portero. El grupo defensor, aprovechará el tiempo que le concede el rival al tener que iniciar el ataque desde su portero para posicionarse en repliegue, desarrollará la fase defensiva en dicho posicionamiento y, al mismo tiempo, presionará al rival para recuperar el balón. Cuando se produzca ésta, el grupo defensor realizará contraataque iniciado desde repliegue. Para todo ello, asegurará la precisión del primer pase, progresará el balón y sus líneas y pasará de la reducción de espacios manifestada durante la fase defensiva a la amplitud de espacios con la que deberá ofrecer en el contraataque. Dicho contraataque deberá ser finalizado antes de seis segundos, con el objetivo de evitar la organización defensiva del contrario. En todo momento del contraataque se mantendrá un adecuado equilibrio ofensivo.

EJERCICIO 2: Ejercicio para la mejora del contraataque iniciado desde el posicionamiento de intermedio o plegado.

© 3D Fútbol Táctico Coach

Disposición: En un espacio de juego total de 60 x 50 mts., se habilita un espacio central de 20 x 20 ms. En el que los atacantes juegan en superioridad numérica de cinco contra tres, permaneciendo fuera tres jugadores del grupo defensor como se ve en el gráfico.

Conceptos tácticos:

- Desarrollar una rápida transición de defensa a ataque (cambio de mentalidad defensiva por ofensiva en el menor espacio de tiempo).
- Mejora de la eficacia en el desarrollo de los contraataques desde el posicionamiento de intermedio o plegado.
- Mejora de la seguridad y precisión en el primer pase (asegurar el primer pase es un factor fundamental en todo contraataque).
- Mejora de la progresión ofensiva.
- Mejora de la amplitud ofensiva.
- Mejora de los apoyos de acercamiento y en profundidad.
- Mejora de los cambios de orientación.
- Mejora de la velocidad y precisión en el juego.
- Mejora del equilibrio durante todo el desarrollo del contraataque.

Material: Conos para marcar el espacio de juego y las divisiones interiores. Balones suficientes. Petos para diferenciarse los grupos. Porterías reglamentarias de F7 o F11.

Desarrollo: El ejercicio se desarrolla mediante acciones conjuntas en el espacio donde se mantiene la posesión y recuperación del balón y evoluciones técnicas en la fase ofensiva del contraataque. El grupo ofensivo, jugará en la zona marcada para mantener la posesión del balón en superioridad numérica de cinco contra tres. El grupo defensor en ese espacio presionará al rival para lograr la posesión del balón, cuando lo consiga progresará hacia la portería rival, efectuando el primer pase sobre el jugador que realiza funciones de punta; al mismo tiempo, los jugadores que no participan en la recuperación del balón ampliarán el espacio en el sentido horizontal y dos de los defensores saldrán del espacio central en apoyo del punta. La duración de la fase ofensiva del contraataque no deberá de exceder de cinco segundos. Una vez finalizado el contraataque, se realizará la misma acción pero los equipos alternarán sus funciones.

EJERCICIO 3: Ejercicio para la mejora del contraataque iniciado desde el posicionamiento de intermedio o plegado (Con líneas de defensas en campo propio y las de medios en campo contrario).

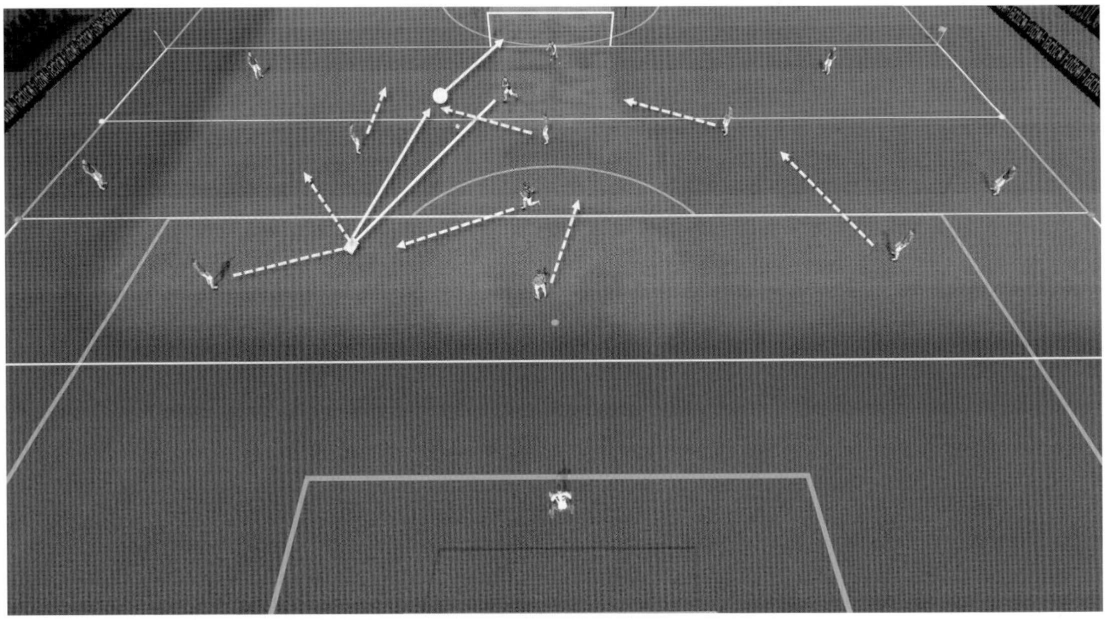

Disposición: En un espacio de juego de 60 x 45 mts., se enfrentan dos grupos de seis jugadores más un portero, en un sistema de juego de 3 - 3.

Conceptos tácticos:

- Establecer un posicionamiento defensivo en intermedio (línea de defensas en campo propio y la de medios en campo contrario).
- Desarrollar una rápida transición de defensa a ataque (cambio de mentalidad defensiva por ofensiva en el menor espacio de tiempo).
- Mejora de la eficacia en el desarrollo de los contraataques desde el posicionamiento de intermedio o plegado.
- Asegurar la posesión del balón (asegurar el primer pase, aspecto fundamental en todo contraataque).
- Mejora de la progresión ofensiva.
- Mejora de la amplitud ofensiva (pasar de la reducción de espacios que se presenta en la fase defensiva a la ampliación de espacios que se debe presentar en cualquier ofensiva).
- Mejora de los desmarques de apoyo (punta principalmente) y de ruptura (jugadores de banda).
- Mejora del aprovechamiento de los espacios libres.
- Mejora de los cambios de orientación (orientación del contraataque hacia las zonas más asequibles para su progresión y finalización).
- Mejora de la velocidad y precisión en el juego.
- Mejora del equilibrio durante todo el desarrollo del contraataque.

Material: Conos para marcar el espacio de juego, el posicionamiento defensivo y las tres porterías situadas en la mitad del campo. Balones suficientes. Petos para diferenciarse los grupos. Porterías reglamentarias de F7 o F11.

Desarrollo: El grupo atacante, realizará ataques combinativos y tendrán la obligación de dar un pase en su propio campo para estar en disposición de atacar la portería adversaria. El grupo defensor, deberá defender en el posicionamiento defensivo de intermedio o plegado, con las líneas de defensas en campo propio y las de medios en campo contrario. Este posicionamiento se procurará mantener durante toda la fase defensiva hasta la recuperación del balón. Cuando la recuperación del balón se produzca en este posicionamiento se realizará contraataque, para lo cual se aplicará los conceptos expuestos anteriormente y deberá ser finalizado antes de seis segundos o cuatro pases. Si la recuperación del balón se produce en otro posicionamiento (repliegue) se desarrollarán ataques combinativos.

EJERCICIO 4: Ejercicio para la mejora del contraataque iniciado desde el posicionamiento avanzado.

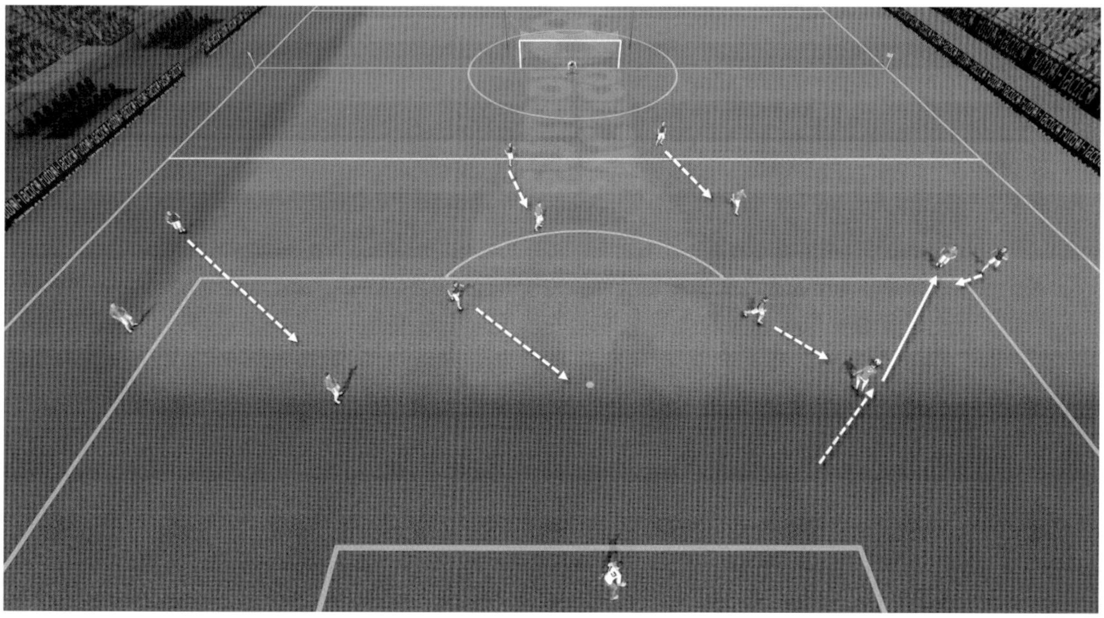

© 3D Fútbol Táctico Coach

Disposición: En un espacio de juego de 60 x 50 mts., se enfrentan dos grupos de seis jugadores más un portero, en un sistema de juego de 4 - 2.

Conceptos tácticos:

- Desarrollar una eficaz transición de defensa a ataque.
- Mejora del contraataque iniciado desde el posicionamiento defensivo de avanzado.
- Asegurar la posesión del balón.
- Manifestar una gran progresión en el juego.
- Pasar de la reducción de espacios a la ampliación de espacios.
- Descongestionar la zona del balón mediante cambios de orientación.
- Efectuar desmarques de apoyo y de ruptura.
- Mejora del aprovechamiento de los espacios libres.
- Jugar con velocidad ofensiva.
- Manifestar un adecuado equilibrio ofensivo durante todo el desarrollo del contraataque.

Material: Conos para marcar el espacio de juego, los posicionamientos defensivos y el medio campo. Balones suficientes. Petos para diferenciarse ambos grupos. Porterías reglamentarias de F7 o F11.

Desarrollo: El grupo atacante, desarrollará ataques combinativos que serán iniciados desde su propio campo, en el que será obligatorio dar un mínimo de seis pases para poder progresar e intentar finalizar el ataque en gol. El grupo defensor, se organizará en campo contrario, intentará recuperar la posesión del balón y, posteriormente, desarrollar un contraataque desde el posicionamiento de avanzado. En este contraataque se aplicarán los conceptos tácticos mencionados anteriormente, se desarrollará de forma directa, es decir, mediante una acción individual (recuperación, conducción y tiro) o mediante una acción colectiva simple en la que se tendrá que finalizar antes del tercer pase. En todo momento del contraataque se mantendrá un equilibrio ofensivo.

EJERCICIO 5: Ejercicio para la mejora del contraataque desde el posicionamiento defensivo elegido previamente por el entrenador (replegado, plegado o avanzado).

© 3D Fútbol Táctico Coach

Disposición: En un espacio de juego de 60 x 45 mts., se enfrentan dos grupos de seis jugadores más un portero, en un sistema de juego de 3 - 3.

Conceptos tácticos:

- Realizar una rápida transición de defensa a ataque.
- Mejora del contraataque desde los posicionamientos defensivos desde repliegue, intermedio y avanzado.
- Asegurar la posesión del balón, en el inicio de la fase ofensiva del contraataque, es fundamental la precisión del primer pase.
- Manifestar una gran progresión y velocidad en el juego.
- Pasar de la reducción de espacios que se manifiesta en cualquier fase defensiva a la ampliación de espacios que se debe presentar en todas las fases ofensivas.

- Descongestionar la zona del balón mediante cambios de orientación.
- Manifestar desmarques de apoyo y de ruptura.
- Mejora del aprovechamiento de los espacios libres.
- Manifestar un adecuado equilibrio ofensivo durante todo el desarrollo del contraataque.

Material: Conos para marcar el espacio de juego, los posicionamientos defensivos. Balones suficientes. Petos para diferenciarse los grupos. Porterías reglamentarias de F7 o F11..

Desarrollo: El grupo ofensivo desarrollará ataques combinativos con los que intentará progresar y finalizar los ataques. El grupo defensor cumplirá con los conceptos tácticos defensivos y ofensivos mencionados anteriormente. El entrenador marcará el posicionamiento defensivo (replegado, plegado o avanzado) previamente. Una vez situado en el posicionamiento defensivo previsto se presionará al rival para recuperar la posesión del balón y, con ello, desarrollar un contraataque desde el posicionamiento ordenado previamente por el entrenador. Este contraataque se desarrollará en función desde el posicionamiento defensivo desde el que se realice. Si es desde replegado o plegado se realizará de forma más combinada, debiendo ser finalizado antes del cuarto pase, si es desde avanzado se realizará de forma más directa, debiendo ser finalizado antes de cuatro segundos. En todo momento del contraataque desarrollado se mantendrá un adecuado equilibrio ofensivo.

EJERCICIO 6: Ejercicio para la mejora del contraataque desde donde tenga lugar la pérdida de posesión por el atacante.

© 3D Fútbol Táctico Coach

Disposición: En un espacio de juego de 60 x 45 mts., se enfrentan dos grupos de seis jugadores más un portero, en un sistema de juego de 3 - 3.

Conceptos tácticos:

- Realizar una rápida transición de defensa a ataque.
- Mejora del contraataque desde los posicionamientos defensivos desde repliegue, intermedio y avanzado.
- Asegurar la posesión del balón, en el inicio de la fase ofensiva del contraataque, es fundamental la precisión del primer pase.
- Manifestar una gran progresión y velocidad en el juego.
- Pasar de la reducción de espacios que se manifiesta en cualquier fase defensiva a la ampliación de espacios que se debe presentar en todas las fases ofensivas.
- Descongestionar la zona del balón mediante cambios de orientación.
- Mejora del aprovechamiento de los espacios libres.
- Manifestar desmarques de apoyo y de ruptura.
- Manifestar un adecuado equilibrio ofensivo durante todo el desarrollo del contraataque.

Material: Conos para marcar el espacio de juego, los posicionamientos defensivos y las divisiones interiores. Balones suficientes. Petos para diferenciarse los grupos. Porterías reglamentarias de F7 o F11.

Desarrollo: El grupo ofensivo desarrollará ataques combinativos con los que intentará progresar y finalizar los ataques. Este grupo, en función de las zonas que pierda la posesión del balón y del grado de organización que presente el rival, se posicionará en un posicionamiento defensivo u otro. Así pues, si la pérdida del balón se produce en campo contrario y en las zonas de banda, el grupo se intentará posicionar en avanzado. Si la pérdida del balón se produce en campo contrario en la zona central o en medio campo, el grupo intentará posicionarse en intermedio o plegado. Si la pérdida del balón se produce en campo propio o el contrario tiene progresión en el ataque, el grupo se posicionará en repliegue. Cuando este grupo recupere el balón realizará contraataque desde el posicionamiento en el que se encuentre. El estilo de contraataque a desarrollar, directo o combinado, dependerá fundamentalmente del grado de desorganización y los espacios libres existentes que presente el adversario. En cualquier tipo de contraataque que se desarrolle se tendrá como condicionante que se realice en el menor tiempo posible; todo ello, con el objetivo de no dar tiempo al contrario a ningún tipo de organización defensiva. Como en todas las tareas anteriores, se mantendrá un adecuado equilibrio ofensivo.